U0030830

王奕辰（王衡）著

只要10分鐘,
投資逆轉勝

輕鬆學會這4招,
從此抓對時機、做對個股

目錄

【推薦序】

趨勢為友、情緒為敵／張智超   7

夫惟不盈，故能蔽之而新成／瞿玉娟   11

以更多面向選擇標的，從容地享受投資與人生／羅澤鈺   13

抓到轉折契機，不再賺少賠多／錢世傑   15

【自序】

讓投資者一目瞭然，快速掌握贏家必備的技巧   17

【前言】

面面俱到選股法，股市就是你的提款機   21

第一章   **專業選股，贏得先機**   25

對於一家公司基本面的分析重點，要注意月營收、季報、年報財報公告時間，特別要注意的是營收轉折點，股價是否利多不漲，利空不跌？其次，是否有創新產品的發表和業務大單的消息？因為，未來的發展才能創造出股價上漲的空間。此外，公司經營者的態度也能左右股價的走勢，還有，主要經理人的異動，也會影響公司的方向。

1-1   財報資訊，揭露獲利點滴   28

1-2   題材創新，股價一路翻揚   38

1-3   重大訊息，股價轉折契機   48

第二章 技術分析，掌握轉折 53

技術分析是統計學的運用，收集了買方和賣方的價量成交紀錄，來協助投資人判斷目前交易的狀況，及推估「非」常態情況下如何買賣。本章將這些指標化繁為簡，只要合併2至3個指標同時觀察，就能在市場如魚得水。這些指標亦可運用在各類商品的投資上，例如基金、外匯、黃金、原油及原物料等。

2-1	多空趨勢：趨勢線、均線及波浪理論	56
2-2	轉折判斷：K線、型態及背離	77
2-3	常用指標：KD、RSI、威廉、乖離、	86
	MACD及B-band	
2-4	長期、中期及短線操作運用	102

第三章 洞悉籌碼，贏家法則 123

台股成交量日漸萎縮，上市櫃公司家數卻創新高，很多標的因為沒有籌碼的加持，股價永遠無法有所表現。反觀，如果有三大法人及主力的加持，即使基本面尚無起色，股價仍舊漲勢凌厲。所以，本章分析外資、投信、自營商及主力的操作手法，幫助投資人了解籌碼操作的慣性，及如何參與飆股進場點，並介紹定期的「籌碼提款機行情」。

3-1	剖析三大法人操作慣性	127
3-2	主力認養，不漲也難	138
3-3	籌碼題材，定期提款	145

第四章　判斷趨勢，多空皆贏　163

實務上，掌握趨勢轉折點比基本面的分析還重要，舉例來說，台積電在金融風暴期間的財務狀況並沒有多大變化，若是在風暴前二年買進的投資人，持有到風暴後二年，股價沒有多少獲利，但若是在2008年底趨勢反轉前買進的投資人，持有到其破百元大關，獲利已經翻倍。本章說明世界經濟與台股的相關性及主要經濟指標的趨勢判讀，投資人該如何利用以上相關訊息，來綜合判斷長、中、短期的操作策略。

4-1　國際趨勢，一手掌握　169

4-2　政策多空，左右趨勢　179

4-3　經濟指標，魔鬼細節　200

第五章　只要10分鐘，抓出潛力股　217

較保守且投資週期較長的投資人，要注意標的基本面分析；短線投資人就要運用技術指標，掌握進出場的最佳點。而希望能將報酬最大化，籌碼的考量擺首位。不過，更多投資人的障礙是：看到標的了卻不懂接下來如何評估？如何規劃未來的進出？投資人可以花10分鐘填寫一張表格，就能快速分析未來的趨勢及投資的策略。

5-1　基本面選股的操作策略　224

5-2　技術面選股的操作策略　237

5-3　籌碼面選股的操作策略　251

【附錄】

投資網站介紹　265

【結語】

抓到多空轉折的時間，順勢而為賺取大波段報酬　269

推薦序

趨勢為友、情緒為敵

張智超／大眾證券投資事業處副總經理、
中華民國金彝獎得主、《操盤手的萬無一失投資術》作者

　　老實說，技術分析對我根本沒有幫助，不只是我這樣想，在法人圈內靠技術面操作在賺錢的人少之又少，我常說，只看技術分析做操作是看外表在選老公一樣，風險很大。而財報分析通常只能告訴我們該公司「過去」的財務狀況，若只看財報在選股，就像開車只看後照鏡一樣危險；單獨使用財報分析就做投資決策，我們可能會買進「過去」的好學生與賣出「過去」的壞學生，但投資市場要的是：買進「未來」的好學生與賣出「未來」的壞學生。

　　再談到只看總經做投資，就像用望遠鏡在撿身邊鑽石一樣不切實際，因為大環境的好壞，與個別公司競爭力沒有直接的關係。我想要表達的是，投資決策不能只仰賴單一分析，投資朋友必須具備多元性的思考。再者市場是人組成的，你必須了解市場的想法、玩法，才能夠達到知彼知己的境界。

　　從這個角度來看，《只要10分鐘，投資逆轉勝》就是非常完整的投資參考書籍。對我而言，技術分析讓我了解市場目前對於該股票的想法；財報分析讓我了解該公司過去的獲利水準與財務狀況；而總經分析讓我了解大環境的變化。

　　我當自營部主管超過十年了，這十年內我的交易紀錄內只有小賺、小賠與大賺，很幸運地，我雖然不一定每月都獲利，但每一年都賺錢，不是我神，而是我掌握了正確的交易鐵律。

　　所謂正確的交易鐵律，就是「避免大賠」，從我當自營部操盤人後，「大賠」的事就從我字典中消失，我不是天生會操盤，我也在學生時代融資斷頭破產過，也苦讀市面上所有的投資書籍，但很抱歉，沒有一本書可以教我如何穩定獲利。就我的經驗而言，完整的操盤體系包括：（一）選股，（二）操作，（三）資金控管；而在這三大方面中，基本面質化分析與籌碼面分點分析是我每日必做的工作。

　　如果把交易比喻成賭撲克牌，輸贏的重點在你是否拿到好牌，而對手的牌又是如何？如果可以確定是自己拿到好牌，而對手的牌不可能比你好，這時就可勇敢下注。而當你在牌桌上，對手的牌有機會比你好，此時，你最好就要邊走邊看。

　　你一定會想問我：股票如何當牌看？我的建議是，研究這檔股票是否具備良好的經營模式（Business Model）、市場潛能（Market Potential）與傑出的經營團隊（Who Is Management），也就是我常說的BMW質化分析。懂得質化分析與做好資金管

理，大賺小賠的獲利模式就自然出現，但永遠記住，在股市制勝的法則就是「與趨勢為友、與情緒為敵」，期待各位讀者能夠有所收穫。

推薦序

夫惟不盈，故能蔽之而新成

瞿玉娟／元富證券債券部副總經理

　　王奕辰（王衡）從醫界轉入證券界，從領月薪的上班族變成贏得財務自由、時間自主的財經暢銷書作家，我看到她不斷求新求變的熱情。

　　有幸在王奕辰（王衡）初踏入金融領域時即共事，當時權證市場對多數客戶而言，仍屬陌生，王奕辰（王衡）一步一腳印，從南到北，走遍所有分公司，並將客戶常見問題，用說故事的方式，讓讀者身歷其境，成就了第一本《玩賺權證達人秘笈》的問世。其後，透過與學生們及FB粉絲團的互動，出版一系列權證操作暢銷書籍，帶領新手進入權證殿堂，和老手分享操作經驗，時常看到粉絲團的學生對王奕辰（王衡）老師的感謝！這次王奕辰（王衡）老師再次化繁為簡，將選股心法幻化成關鍵4招，讓投資者不需多走冤枉路。

　　前蘋果執行長賈伯斯的致勝心法是「熱情至上」，認為擁有熱情的人能讓世界變得更美好，因為它能激發創新和與眾不同的

主意！在王奕辰（王衡）從英國留學歸國時，誰也沒料想到她會進入權證市場，在與客戶從事權證及衍生性商品交易的過程中，也鮮少有人能為投資人整理重點，為其解惑！王奕辰（王衡）辦到了，她用熱情將艱澀的權證投資觀念簡單化，而今，她又把投資人最感茫然的選股精準化，真是讀者之福。

熱情的動力來自於一顆「虛懷若谷」的心，王奕辰（王衡）從不自滿，雖然貴為暢銷財經作家時，仍然低調參與分析師的考試；她時間自主了，便關心未婚的學員，為其舉辦聯誼活動；她財務自主了，便關心粉絲團中單親學員的學習，為其免費加課；她也學習攝影、享受美食、關心全球房市投資，時時學習、處處用心，故能不斷積累創作素材，以饗讀者。

道德經云：「夫惟不盈，故能蔽之而新成」，就是因為「虛其心」，所以能一直去舊存新，重新引發生命力，王奕辰（王衡）持續的創造力，就是最佳詮釋！

推薦序

以更多面向選擇標的，
從容地享受投資與人生

羅澤鈺／誠鈺會計師事務所主持會計師、中華民國合格證券分析師、
中華民國理財規劃師、《圖解新制財報選好股》作者

　　會認識王奕辰（王衡），是在輔考證券分析師「會計及財務分析」的課程中。會計及財務分析這一科，除非是會計系本科系學員，就算是對於商學院其他科系的學員而言，一直是證券分析師四科中最難的一科，常常全國一季過關的人數不到50人。

　　還記得王奕辰（王衡）在課堂中，戴著眼鏡、很認真地聽講與抄寫重點。休息時閒聊的對話中，最令我驚訝的是，王奕辰（王衡）在大學時期念的是醫學技術學系，後來再念金融投資研究所、從事金融業相關工作，全憑的是自己的興趣與毅力。課程結束後，王奕辰（王衡）很客氣地贈送了我二本她自己的著作，也邀請我加入她的臉書。這才驚覺，證券分析師班臥虎藏龍，這台下低調的學員，原來是一位知名作家。

　　經過自己的努力，王奕辰（王衡）果然在全國只有34人過關的102年第二季，考過了最後一科會計及財務分析，也順利取得證券分析師成績合格證明，這樣的決心絕對值得我們學習。而這一段期間，我每日也在繁忙的工作之餘，從王奕辰（王衡）的臉書中有效率地取得她精挑細選的重大新聞、財經資訊；感受到她如何用淺顯的文字，與廣大非財經背景的網友們做投資觀念的溝通；偶而，她也會穿插一些賞心悅目的旅遊美食資訊，紓解大家的工作壓力。

　　若問每個人為何想要投資？「證明自己的能力」、「證明自己的眼光」、「改善家人的生活」可能都是答案的選項之一，但是大家最不加思索就說出來的答案，應該是「賺錢」。的確，說的直白些，投資就是為了要賺錢。然而，投資可以是每日提心吊膽地，也可以是從容不迫地。如果再要大家從這二種方式中選擇，我想多數人都會選擇後者——從容不迫地。因此，投資過程中，投資應該就是一種生活方式的選擇，投資最後獲利，再進而改善我們的生活方式。

　　王奕辰（王衡）老師從醫學領域跨金融領域，我們看到了投資、興趣、生活方式，只要持之以恆、透過決心與毅力，的確可以合而為一，這對於非財經背景的人很有啟發意義，每個人都可以在熟悉的舒適圈裡，再向外跨出一些些；而這一本整合基本、技術、籌碼、總經選股技巧的《只要10分鐘，投資逆轉勝》，也可以讓我們以更多面向選擇投資標的，更加從容地享受投資、享受人生，值得我們細細品味。

推薦序
抓到轉折契機，不再賺少賠多

錢世傑／中正大學法學博士，

法務部調查局調查官、中央大學資訊管理學系助理教授

　　諾貝爾經濟學獎得主丹尼爾・卡尼曼（Daniel Kahneman）所提「展望理論」（Prospect Theory），探討了人類的人性，提出了「確定效應」、「反射效應」、「損失趨避」等概念。隨後其所寫的巨著《快思慢想》，從系統一與系統二的表述，讓我們更明白大腦在感性與理性間交錯運作的方式。

　　在卡尼曼教授的研究成果中，也可以讓我們在投資領域中獲得許多省思，像是大多數的投資人賺一點點就滿足了，卻很討厭賠錢，所以股票下跌之後，就容易不斷地往下攤平，但常常因此愈攤愈平，直到躺平。再加上大多數的人容易情緒性地投資股票，很少人從總經、籌碼、技術、基本等各個面向進行深入分析，長期下來，就變成「賺少賠多」的狀況。

　　「選擇好的投資標的」這一個層面的知識並不難學習，如何了解自己的個性是如何地脆弱，並且透過個人的修練來控制，就

成為現代投資者很重要的課題。我個人最喜歡的人物，是漫畫《灌籃高手》中的安西教練，不管現在籃球場上情況怎樣，他總是安穩地坐在球場旁邊，成為眾人穩定的依據。偶然一次的課堂中，聽到王奕辰（王衡）老師教學員一些基本的投資觀念，沉穩中不失風趣的上課風格，總是向學員們勸說要好好地投資，與一般著重誇張動作、高亢音調的財經名嘴，有著大大的不同。這種穩定的情緒表現，不正是投資界的「安西教練」嗎？

　　長時間跟著王老師的臉書，每天都有各種豐富的資訊可以學習，眾多的學生更在老師的帶領下，被啟發出具備研究投資標的的深厚功力。此外，無論外在金融情勢如何地詭譎多變、上下震盪，一般的投資客早就哀哀叫時，她總是淡然處之，慢慢地分析與判斷，結合技術面與基本面，參酌總體經濟的概念，讓網友們能以更宏觀的角度看待投資這件事，並且帶領著他們闖出一波一波的浪潮。

　　電影《駭客任務》中的主角尼歐（Neo），透過不斷地發覺自我，終於看透了這個世界0與1的變化。同樣地，這次王老師所寫的新書《只要10分鐘，投資逆轉勝》，正是從各個角度來看投資這件事情，由淺入深，當你看懂了整個投資環境的內外變化，要成為真實世界的尼歐（Neo），抓到各種投資轉折的契機，相信這一步馬上就來到你的眼前。

自序
讓投資者一目瞭然，
快速掌握贏家必備的技巧

　　踏入證券投資領域將近十年，由於服務於衍生性商品部門，負責權證投資人教育訓練，累積了不少的工作經驗，陸續於2011年起出版3本權證專業書籍，感謝讀者的熱情支持，讓我有近二萬粉絲的愛護。除了權證專業的交流，大部分的讀者對於具備醫護背景的我如何進入證券金融行業，深感好奇，其實，我也是和一般的投資人一樣，是因為想賺錢，才開始接觸股票投資。

　　記得念大學的時候，對那些解剖生理、生化、微生物和免疫學等，只能用頭昏眼花來形容，對研究吃到肚子裡的東西如何消化成蛋白質、醣類和脂肪，更是完全沒興趣，考試只求及格過關交代了事。然而，在圖書館閱讀一些經濟及投資的雜誌時，竟然能無師自通的學習，這讓我開始慢慢接觸這神奇的投資世界。當然，第一次買賣股票的經驗和大部分新手一樣慘烈，我胡亂地找了檔股票，只認得名稱和代號，偏偏剛好遇到景氣轉折，當時當然不懂停損，於是把僅有的10萬元，賠到剩下2萬元，這就是我

第一次投資的經驗。

　　然而，這樣慘痛的經驗並沒有讓我對投資退卻，反而激發我想學習專業投資的動力，於是，我參加了東海大學投資學研究所學分班，課堂上老師的一句「危機入市」的觀念，及類似「人多的地方別去」的邏輯，啟發了我的潛能，開始了我的投資之旅。

　　當時正逢1997年的金融風暴，以一種單純的「危機入市」觀念，我開始買入亞洲包括韓國、日本、泰國等區域型的基金。當時韓國基金在金融風暴後，從原本淨值12元腰斬到7元，我心想，打了6折耶！於是開始啟動「危機入市」，怎知竟然持續下跌（事後才學會這情況稱為「死貓跳」），之後即便基金又從7元下跌至3元，我仍然持續定期定額扣款，也當作沒看到……，直到有一天，我發現我的成本漲到4塊多，於是我停止了扣款，並分批在9元及11元全數賣出，就在短短不到兩年的時間，年均獲利100％。

　　這個韓國基金的投資經驗讓我學習到，投資獲利的重點是在於「進場的時間點」，而進場的時間點可以從總體經濟指標變化而得知。然而，大部分的散戶都忽略到這重點。

　　除了這個經驗外，日本科技基金報酬率達到200％時候，我看到了新聞報導日圓開始升值，當時只記得經濟學上的理論，匯率升值會影響出口競爭力，於是我立刻將獲利翻倍的日本基金贖回。然而，該基金最後是漲幅600％後才轉折下跌。因此我翻遍了各大書局，終於讓我看到一本關於匯率和股市變化的相關書

籍，才了解了原來匯率及股市連動的時差性。這次的經驗卻讓我幸運地避開2000年的科技泡沫，和2008年的金融風暴。

　　由基金的小額投資累積到第一桶金後，我開始學習買賣股票，當時行情多頭，我選了190幾元的高價股，它一路上漲至300多元，我獲利賣出後持續走高，於是我趁其回檔再買回，最後果然大漲至600多元，成為股王。

　　不過，在台股的紀錄中，股王的下場通常是不好的，於是我在它回檔至500多元時候賣出，成為我赴英國留學，學習金融投資的基金。

　　2004年回到台灣，我進入衍生性商品的工作領域，當時除了投資基金及股票外，也開始注意房地產的投資。不同於一般的投資人總是追著房價跑，我習慣利用投資所得到的資本利得再投入房地產，而且特別選擇景氣低迷的時期買入預售屋。我不贊成買房子後，開始過著縮衣節食的日子，年輕人應該先學投資，從資本市場賺到錢後再去買房，如此的投資方式其優點是更加大其槓桿的使用，很適合小資男女的理財模式。工作只能讓生活過得去，想要財富自由非得靠投資，這是我這些年來的心得，雖然我原生家庭環境算小康，但也是靠自己多年的投資，才能達到財富自由的境界。

　　我在多年的教學經驗中發現，通常新手都如瞎子摸象、毫無頭緒地自我學習，缺乏專業知識的整合運用。坊間的投資書籍中，懂總經分析的作者可能不懂個股選擇投資；懂財報專業的作

者，可能也不清楚技術分析的運用，掌握最佳的停利點；而專精於技術分析的作者，可能執著在均線支撐壓力及指標變化，卻忘了QE寬鬆政策如何讓線型轉彎的力量。

《只要10分鐘，投資逆轉勝》一書，是分享我當散戶新手時自學的方法及工作後學習的專業經驗。以投資新手的角度出發，配合法人常用的「TOP-DOWN」投資邏輯，深入淺出地引導投資新手，如何根據簡易的總經指標及政策判斷多空趨勢，搭配基本面選股，技術面進出，並了解進階的籌碼投資慣性。以時事及投資範例圖表說明，而非僅僅是專有名詞講解，讓投資初學者一目瞭然，快速掌握投資專業知識。

這幾年不僅完成了《玩賺權證達人秘笈》、《權證生死一線間》及《權證好好玩》3本權證專業書籍，也因此成為電視節目「權民理財王」的固定嘉賓，並且通過證券投資分析人員（CSIA）證照考試。幸運的際遇讓我很感恩，開始回饋社會，將部分版稅定期捐出，也舉辦了培訓單親媽媽第二技能的公益活動。財富自由讓我樂在工作，並且有更多的時間完成自己的理想和興趣，當然過程中最感激父母讓我自由地學習與發展並在精神上的支持與鼓勵，其次謝謝在我生命中遇到的挫折，都激勵我向上的決心和動力，而教導我的恩師及工作上指導的貴人，因為你們，我才能在金融專業領域上發光發熱。最後感謝讀者及粉絲的長期支持，我將更努力提升專業力，回饋大家的愛護。

面面俱到選股法，
股市就是你的提款機

　　還記得你投資第一檔股票時，如何做出選擇嗎？大部分的投資人一看到深奧的投資訊息就昏頭轉向，更別提到還要什麼基本面、技術面及籌碼面分析了，對投資新手而言，可能只記得股票的名稱和代號，當然還有賠錢的慘況。其實投資的技巧和找工作是類似的，把選工作的邏輯套用在選股票的方法，就很清楚了。

　　舉例來說，景氣好時比較容易找到工作，還是景氣不好的時候，比較好找工作呢？相信你一定會回答「當然是景氣轉好的時候比較容易」，股票投資不也是如此嗎？作多股票要賺錢當然是景氣轉好時比較容易，而作空股票則是要在景氣變差時才是好的時機。其次，對於工作的要求一定不會只是考慮薪水高低，你應該會想了解這家公司老闆對待員工的態度，和公司未來的展望與競爭力。這就和股票投資基本面分析一樣，若能充分了解投資標的公司老闆的經營理念及產品競爭力，並且注意業績營收的變化，投資的勝率就能提高。

　　此外，除了了解未來工作的公司前景外，你應該也會考慮得到的職位和所得薪資是否合適。這類似股票投資準備進場時，運用技術面指標判斷投資位階，例如：作多股票當然選低基期KD黃金交叉的起漲點，而作空股票就選高檔轉折指標背離點。

　　最後，當你了解公司的基本面及技術面條件後，如果你本身工作屬於技術門檻高，你肯定可得到公司的重用。運用在股票投資上就是籌碼面的評估，如果標的的籌碼越集中在法人或大戶手上，股價就更有支撐。相反地，如果三大法人籌碼鬆動，大戶持

續賣出，股價不跌也難。

　　讓投資逆轉勝的第一招，我們從標的選擇的基本面談起，包括：公司財報的營收狀況、產品競爭力及管理經理的評估，之後再參考技術指標進出場。

　　第二招技術指標包括運用波浪理論、趨勢線及均線區分多空趨勢，注意K線、型態及背離變化掌握轉折點，並以KD、RSI、威廉、乖離及MACD等常用指標搭配進出場，根據投資週期的長短可綜合技術面指標，決定長期、中期及短線的操作策略。

　　而第三招籌碼面的分析則包括分析三大法人（外資、投信、自營商）及主力的操作手法，幫助新手投資人了解籌碼操作的慣性，以及參與主力認養的飆股進場點。此外，參與股東會、融券回補或是庫藏股實施等定期的籌碼投資機會，也是可供賺錢的提款機。

　　第四招將介紹各國經濟趨勢的環環相扣及對台股的影響，並深入剖析「一隻看得見的手」如何運用貨幣政策及財政政策來左右股市，同時整理重點經濟指標對股市走勢的影響，例如：景氣訊號燈、外銷訂單、貨幣供給、消費者物價指數、匯率及利率等重要指標變化。當投資人由以上的經濟政策及相關指標綜合判斷景氣的多空趨勢後，順勢而為決定多空的策略，才能進一步選擇投資標的作多或作空。

　　最後，在「10分鐘抓出潛力股」單元，將綜合以上總經面、

基本面、技術面及籌碼面，面面俱到且連貫性地分析評估合適的投資標的，並且以投資人的「風險承受能力」及「投資週期長短」做分類歸納，實際以範例說明。例如：保守型投資週期較長的投資人，對於標的的評估建議以基本面為主，短週期操作的投資人就必須注意標的技術面的變化，而對於積極型且希望掌握飆股的投資人，則要留意籌碼的集中度及法人和主力的動作。

致富之路別無捷徑，跟著我一起照著本書傳授的招數，蓄勢待發，進場成為贏家！

第一章

專業選股，贏得先機

　　阿姨是位退休的高中老師，每天和朋友一起享受退休生活，在投資上，她不喜歡短進短出，而是選擇用退休金「買一些好公司股票、長期持有配股息」的價值投資。為了能持續地領到報酬率不錯的股息，阿姨每個月都會注意手上持股公司的月營收有沒有持續成長，以及每一季的財報情況：毛利率、淨利率、每股盈餘、本益比、還有歷年的配股配息狀況等資料；假設發現財報數字不太妙，就會調整手中的持股。

　　但是阿姨的先生就特別喜歡放空股票，而每當阿姨準備價值投資的時候，姨丈就不再放空這標的，夫妻倆還真是天生一對。除了技術面（第二章詳述）轉弱外，姨丈挑作空的標的時，還會注意財報基本面月營收年成長和淨利率（若連續持續減少），此外，財務主管換人時，也會開始留意。

　　不過，依據他多年放空的經驗，針對那些在財報營收上沒有亮眼表現，但是有題材或是政策鼓勵的標的，他便不會隨意放空。這樣專業的投資態度，充分了解標的的基本面分析，讓阿姨他們經濟無虞地安享退休生活。

　　然而，很多投資人沒有文中阿姨一樣的基本面分析能力，看不懂這些財報專有名詞是主要原因，就算知道了，在實務上也不懂如何操作。其實，財報只要懂20%的重點就夠用了，太複雜的內容就還給會計老師吧，因為，財報數字要造假並不難！

　　為了提升投資人的勝率，在第一個招式中，我們就來學習對於股價走勢有明顯影響力的「基本面分析」重點。

　　對於一家公司基本面的分析重點，要注意月營收、季報、年報財報公告時間，特別要注意的是營收轉折點，例如：由虧轉盈或盈轉虧、創新高或創新低？注意股價是否利多不漲，利空不跌？其次，是否有創新產品的發表和業務大單的消息？因為，未來的發展才能創造出股價上漲的空間。

　　此外，公司經營者的態度也能左右股價的走勢，還有，主要經理人的異動也會影響公司的方向或是暗藏「不能說的祕密」，例如：財務主管換人的時候，通常可以預知財報是否有問題？

　　這些基本面的分析（見下表）及實務上的運用，將以範例說明清楚，讓你一看到數字，就能預測走勢。

股票投資基本面分析重點	
方式	內容
基本面分析	1. 業績：財報公告（月營收、季報、年報）、銷售金額、成長率、毛利率、營益率、淨利率、EPS
	2. 營收轉折點：由虧轉盈或盈轉虧（利多不漲，利空不跌）
	3. 產品創新發表或新業務開發及急單大單
	4. 老闆出來喊話（好壞準確度？）
	5. 主要經理人變化（負債比率、自由現金流量）

1-1

財報資訊，揭露獲利點滴

　　我相信，大部分的新手投資人看到複雜的財務報表會直接快閃，分不清楚資產負債表、綜合損益表、權益變動表和現金流量表，即便努力理解也無法掌握到重點分析（見表1-1-1的整理）。

　　其次，是否財報中每個數字或指標都具有參考性呢？除了法人外，實務上，一般的投資者不太需要深入研究，主要原因是因為台股投資人習慣短線交易，除了如2009年大行情的來臨，平

表1-1-1	財務報表五力分析
財務結構	負債占資產比率、長期資金占固定資產比率
償債能力	流動比率、速動比率、利息保障倍數
經營能力	應收款項收現日數、應收款項周轉率、存貨周轉率、平均售貨日數、固定資產周轉率、總資產周轉率
獲利能力	總資產報酬率、股東權益報酬率、營業利益占實收資本比率、稅前純益占實收資本比率、純益率、每股盈餘
現金流量	現金流量比、現金流量允當比率、現金再投資比例

均的操作週期大約3至6個月，因此，只要注意月營收、季營收公告等相關資料即可。若是想配股利且長期持有，則要了解標的公司每股盈餘和股利分配情況，剩下的財務數字和指標可以先放一邊。

加減乘除，算出股價支撐力

說穿了，財務報表不過是一個簡單的加減乘除法而已，我們舉個簡單的例子（表1-1-2），來幫助新手了解財務分析一定要懂的專有名詞（成長率、毛利率、營益率、淨利率、每股盈餘EPS）。

表1-1-2 珍珠奶茶店損益表		
項目	金額（元）	備註
營業收入	200,000	
營業成本	(80,000)	珍珠奶茶材料
營業毛利	120,000	
營業毛利率	60%	營業毛利÷營業收入×100%
營業費用	(50,000)	房租和員工薪資
營業利益	70,000	
營業利益率	35%	營業利益÷營業收入×100%
所得稅費用	(11,900)	17%營業所得稅估計
稅後利益	58,100	
每股盈餘EPS	1.162	本期淨利÷股數（5萬股）

　　假設你開了一家珍珠奶茶店，股東集資50萬元（一股10元，合計5萬股），每個月營收20萬元，扣除你進珍珠奶茶材料的費用8萬元，剩下12萬元就是你的毛利，毛利率約60%（12萬÷20萬×100%）。再扣除員工薪水和房租共5萬元，剩下7萬元就是你的營業收益，營益率為35%（7萬÷20萬×100%）。最後你必須交17%營業所得稅（約當1.19萬），這樣你的稅後淨利為5.81萬元，淨利率為29%（5.81萬÷20萬×100%）。假設你下個月珍珠奶茶熱賣，月營收成長了100%（營收為40萬元），扣除原物料成本、相同的員工薪水及店租後，基本上營業利益和淨利會提高，相對營益率及淨利率也都會提高。但是若遇到近期原物料大漲，水電瓦斯及店租成本都提高，雖然營收成長，但是毛利、營業利益及稅後淨利，也會跟著減少。

　　看懂以上的舉例和專有名詞解釋後，對照著下文的新聞報導就清楚明白了。大部分的財務資訊是經由媒體公告得知，而描述的財務數字不外乎營收金額、營收成長、毛利率、營益率、淨利及每股盈餘的變化，原則上，新手投資人只要看懂這些資訊就可以了。這些數字當然是越高越好，但是搭配技術分析（第二章詳述），若是發現財報利多公布，股價卻走弱，而利空消息出現，股價卻漲，這樣利多不漲、利空不跌的時候，可能是股價轉折點的好時機，投資人千萬別錯過。以下舉例深入解釋財報分析和股價走勢的關係及投資的機會點，讀者若對財報分析有興趣，可以參考羅澤鈺會計師出版的《圖解新制財報選好股》一書。

案例一：宏達電營收持續衰退

宏達電4月營收，月增36%

2014/05/06 中央社

　　（中央社記者江○○台北2014年5月6日電）宏達電（2498）今天公布2014年4月自結合併**營業收入新台幣220.79億元**，和去年同期的195.9億元相比，增加12.7%，和3月的162.25億元相比，**增加36.08%**。

　　宏達電今年累計1至4月營收552億元，和去年同期的623.79億元相比，減少11.51%。

　　主管機關規定，每月10日前要公告上個月的營收資料，以上例宏達電營收公告資料搭配前幾期的歷史資料分析（圖1-1-1），發現宏達電的營收自2013年下半年至2014年2月逐步下滑，而股價驟跌至近百元，直到2014年3月後，營收金額逐漸改善，股價才反轉走升。

　　若倒推研究，宏達電當年自千元高價股大跌至今成為百元俱樂部，發現毛利率、營業利益率及稅後利益率皆領先降低（圖1-1-2）：2011年第一季股價來到最高點1,150元，毛利率29.25%、營業利益率15.8%及稅後利益率14.24%，至2014年第一季毛利率雖然仍有21.03%，但是營業利益率及稅後利益率下降至–6.18%及–5.68%，股價直接打一折。投資人可以注意，若

是連續三個月營收持續衰退且股價已經位於相對的高點，就能推測出財報中毛利率、營業利益率及稅後利益率的趨勢，進而必須觀察是否會因為基本面的改變，而造成股價的多空轉折。

圖1-1-1　宏達電股價和月營收走勢圖

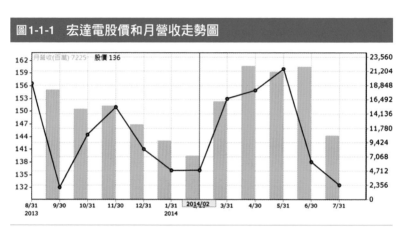

資料來源：CMoney 理財寶「權證好好玩」

圖1-1-2　宏達電股價和毛利率、營業利益率及稅後利益率走勢圖

資料來源：CMoney 理財寶「權證好好玩」

案例二：大立光營收持續走揚

大立光4月營收再成長，1-4月業績突破100億元，年增68%

2014/05/05 鉅亨網

　　【台北股市】大立光（3008）不僅在2014年首季繳出單季**稅後盈餘30億元**，每股稅後盈餘達到22.36元的優異獲利表現，成為台股的多頭指標，其今天盤後公布的2014年4月營收也達32.14億元，較上月**營收成長14%**，較去年同月成長68.23%，5月業績將持續向上突破。

　　同時，大立光2014年1-4月營收也突破100億元大關，累計達100.59億元，較2013年同月的70.17億元，大幅成長43.36%。

　　大立光的2013年首季營收65.58億元，其**毛利率**更已達55.61%，創2007年第四季以來新高，**稅後盈餘30億元，每股稅後盈餘**達到22.36元。

　　大立光董事會決議，對於去年股利現金現息**28.5元**及所決議將配發出的38.23億元現金總額，也刷新大立光公司上市以來的新紀錄。其去年28.5元的**現金股利**，也優於上一年配發的17元。

　　大立光2013年**營收**274.33億元，**營業毛利**129.6億元，**毛利率**47.24%，全年稅後盈餘為96.1億元，每股稅後盈餘71.64元。

營收持續創新對股價有激勵的效應，新聞中的大立光月營收除了2014年年初正逢春節假期營收減少外，第二季呈持續走揚（圖1-1-3），且毛利率高達55.61%、營業利益率46.85%及稅後利益率43.74%（圖1-1-4），亮麗的財報數字使其股價站上2,000元大關，股王當之無愧。

此外，逐年上升的每股盈餘及現金股利（圖1-1-5），更是支撐股價上漲的動力。

圖1-1-3　大立光股價和月營收走勢圖

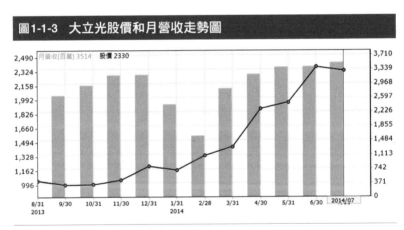

資料來源：CMoney理財寶「權證好好玩」

圖1-1-4　大立光股價和毛利率、營業利益率及稅後利益率走勢圖

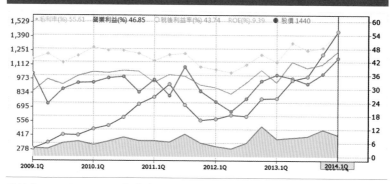

資料來源：CMoney理財寶「權證好好玩」

圖1-1-5　大立光股價和現金股利走勢圖

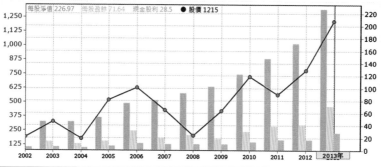

資料來源：CMoney理財寶「權證好好玩」

案例三：寶成經營成本提高，影響營業利益率

寶成：提高產能因應

2014/05/16 時報資訊

　　寶成（9904）指出，目前製鞋業環境面臨多項挑戰，而人工成本及福利支出增加，將對成本管控造成不小壓力，寶成集團將與品牌客戶保持緊密合作，不斷改善製造流程，以提高生產效能。

　　另外，在通路業務方面，寶成將更深入了解消費市場，掌握庫存情形，並將持續完善產品組合及發展多元銷售渠道，希望能更提升營運效率。由於近期製鞋業環境變數仍多，未來將適時調整產能配置，並深化產品附加價值，加強管理績效。

　　寶成首季營收557億9,222萬7,000元，**營業毛利**130億5,885萬8,000元，**毛利率**23.41%，**營業淨利**26億5,569萬5,000元，**營益率**4.76%，稅前盈餘27億7,917萬4,000元，**本期淨利**21億6,676萬1,000元，合併稅後盈餘10億5,291萬2,000元，年增率–20.35%，**EPS**為0.36元。

　　近年來，大陸開始進行一系列的產業改革，希望能轉型升級、提高效率，因此造成傳產業台商在大陸相對經營成本提高，相對影響營業利益率。以寶成財報資料為例（圖1-1-6），2013年第四季營業利益率由5.88%降至4.76%，股價也隨著下跌。

圖1-1-6　寶成股價和毛利率、營業利益率及稅後利益率走勢圖

資料來源：CMoney理財寶「權證好好玩」

月營收成長、毛利率、
營業利益率及稅後利益率，數字越高越好

　　綜上所言，投資新手若以財報基本面選股，只要先了解月營收成長、毛利率、營業利益率及稅後利益率這些數字的變化即可，基本上這些數字越高，對股價的支撐力越強。

　　若是放空標的，當然是財報數字越差越好。要特別注意的是，若連續三個月沒有創新高或是進一步衰退，就可能代表股價轉折點的出現。

1-2

題材創新，股價一路翻揚

　　台股從一萬兩千多點回檔這麼多年，上市櫃公司家數卻沒少過，累積至今超過千家的公司，股市交易量卻是萎縮，因此，台股已不如從前般的百花爭鳴，通常標的公司至少需要有產品的創新的題材，才可能得到法人的青睞，股價才會有表現。然而，一般散戶無法像法人能掌握到一手消息，而是藉由報紙、雜誌或媒體的資訊，而且往往是等到股價反轉才貿然搶進，結果當然是升格進入至高點的總統「套房」了。

　　媒體的資訊真的不能相信嗎？事實不然，只要懂得整理過濾訊息的方法，不難找出潛力股。

題材發酵，相關概念股坐擁利多

　　以下文幾個案例而言，都已經幫投資人整理好題材內容和相關的標的，你只要判斷：這題材已經發酵多久了，產品未來的成

長潛力和週期，同時注意標的個股是否有法人持續買進和股價基期的高低。通常若是股價在高基期和法人開始由買轉賣時候，反而可以考慮反手作空，因為有可能主力故意放利多消息，同時技術分析也會出現頭部型態（第二章詳述技術分析判讀），準備出貨給追高的散戶。

消費性電子夯，股價漲幅驚人

穿戴新品齊發，供應鏈喊衝

2014/05/04 經濟日報

　　索尼本周一（5日）將在台灣發表首款智慧手環SmartBand SWR10，接下來LG、三星都將在本月發表穿戴產品，蘋果第三季將推出iWatch。法人表示，近來iWatch供應鏈已陸續送樣，估計今年出貨約500萬到800萬支。

　　法人認為，穿戴裝置供應鏈從上游的半導體、零組件、面板到下游的組裝，將成為消費性電子新主流，台股相關概念股值得提前布局。

　　穿戴裝置供應鏈包括組裝廠鴻海、英業達、廣達，封測廠日月光、矽品，電聲元件廠美律，IC設計廠聯發科，IC基板業者景碩，感測器原相、凌耀，以及軟板廠F-臻鼎、嘉聯益等，都已陸續出貨穿戴裝置相關產品，雖目前占營收比重不高，但在題材帶動下，後續可望持續有所表現。

　　通常，產業有創新題材的標的，股價大多是至少有3至6個月的波段行情可以參與，例如從去年開始流行的題材有：3D列印、巨量資料、4G LTE、無線充電、機器人、第三方支付、指紋辨識等等，而相關的概念股股價確實表現不凡（表1-2-1）。拜新聞媒體傳播的迅速，投資人不難發現這些題材，甚至券商也

表1-2-1　4G LTE概念股股價表現

股票名稱	漲跌幅	收盤價	漲跌
8147 正凌	3.29%	44.00	1.40
2308 台達電	3.23%	208.00	6.50
4979 華星光	3.10%	53.20	1.60
6245 立端	2.81%	43.90	1.20
2498 宏達電	2.47%	124.50	3.00
3044 健鼎	2.43%	58.90	1.40
6146 耕興	2.07%	148.00	3.00
3045 台灣大	1.97%	93.00	1.80
3017 奇鋐	1.46%	24.30	0.35
2419 仲琦	1.42%	17.90	0.25
2321 東訊	1.30%	3.90	0.05
2353 宏碁	1.26%	24.05	0.30
3221 台嘉碩	1.04%	24.35	0.25
2325 矽品	0.84%	41.80	0.35
2330 台積電	0.83%	121.50	1.00

資料來源：MoneyDJ理財網

提供相關概念股查詢，投資人可以快速了解該個股的財報、技術分析及籌碼的相關資訊，判斷是否進場（圖1-2-1）。

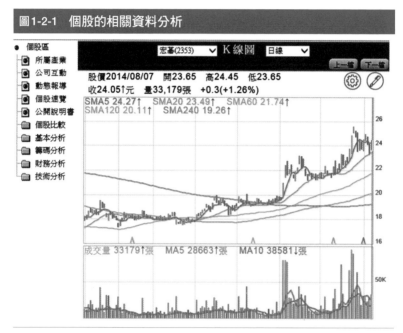

圖1-2-1　個股的相關資料分析

資料來源：MoneyDJ理財網

　　以啟碁為例（圖1-2-2），因為搭上4G題材，股價自2013年8月，自50元起漲至80元，漲幅高達80%，超過半年的多頭走勢，直到2014年2月才回檔整理。

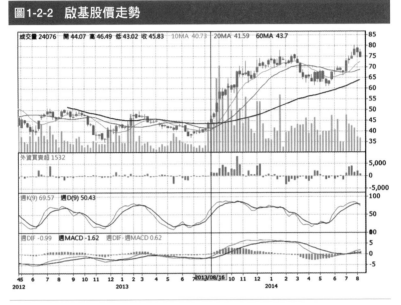

圖1-2-2　啟基股價走勢

資料來源：CMoney理財寶「權證好好玩」

生技產業具前瞻性，但仍受基本面發展影響

《生醫股》基亞肝癌新藥PI-88，最快7月底公布期中分析結果

2014/06/10時報資訊

　　生技股市值王基亞（3176）的肝癌新藥PI-88臨床試驗結果，將在7月底或8月正式公布期中分析結果，此藥的成敗與否將會正式出現答案。

　　基亞的肝癌新藥PI-88去年底已達成500位病人的收案目標，其中一半有投藥（指PI-88），另一半則無，今年5月底已有131位病患肝癌復發，達當初臨床試驗設計的規劃目標，現在需要花2個月的時間分析復發者的資料，再送進由專家組成的獨立資料審議委員會，討論期中分析數據。

　　PI-88討論結果將有三種，一種是數據很好，基亞將直接申請藥證，據以往經驗，時間需要半年到一年左右；第二種是結果還算正面，但需完成所有的臨床試驗，如此一來拿到藥證的時間將會延後；第三種是數據很差，宣布臨床試驗失敗

　　政府於2009年開始推動「六大新興產業」，做為國內產業的發展方向，包括精緻農業、生物科技、綠色能源、觀光旅遊、醫療照護及文化創意產業等領域。特別對於未來全球高齡化的趨勢，在生技科技產業成立財團法人國家生技發展策進會，整合產官學及立法院機構，促進台灣生技產業的發展。

　　以基亞為範例（圖1-2-3），即使連續幾年的營業利益率及稅後利益率幾乎是負值，但是由於生技產業的前瞻性，股價依然由40元左右大漲超過10倍（圖1-2-4）。然而，在2014年7月下旬發生新藥的檢測出現問題後，股價無量跌停。由此個案可以發現，基本面的發展如何左右股價的走勢。

圖1-2-3 基亞股價和毛利率、營業利益率及稅後利益率走勢圖

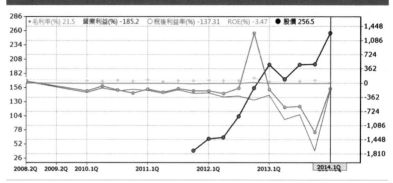

資料來源：CMoney 理財寶「權證好好玩」

圖1-2-4 基亞股價走勢

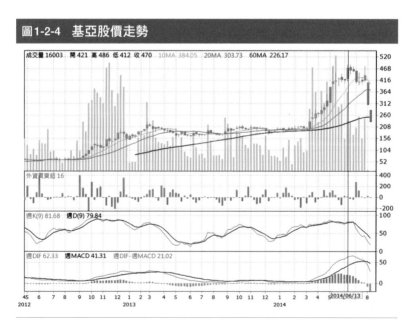

資料來源：CMoney 理財寶「權證好好玩」

抓緊展覽題材，提早一季布局

E3 電玩展＋旺季，遊戲股發飆

2014/06/05 中時電子報

　　一年一度的全球遊戲業大事 E3 電玩展，將於 10 到 12 日在美國洛杉磯登場，加上學生即將放暑假，進入線上遊戲業消費旺季，昨（4）日激勵遊戲軟體股股價發飆，華義（3086）、鈊象（3293）、傳奇（4994）等高掛漲停，其餘的也都強過台股，後市持續看俏。

　　微軟、SONY、Ubisoft 與任天堂各家大廠將依序發表最新遊戲，更多遊戲內容將促使國內遊戲相關個股題材發酵，事實上，5 月國內遊戲股因手機遊戲題材，行情已提前啟動。

　　除了公司個別的產業創新題材外，每個月也都有一些定期的展覽及當月相關題材概念股，相關標的大都有不錯的表現。以鈊象（圖1-2-5）為例，因為 E3 電玩展題材及暑假旺季，股價於 5 月底自 80 元左右大漲近一倍。

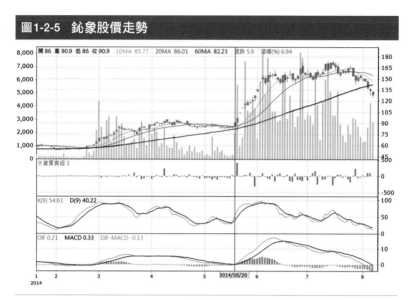

圖1-2-5　鈊象股價走勢

資料來源：CMoney理財寶「權證好好玩」

　　表1-2-2整理了每月的展覽題材，投資人可以藉此提早一季準備布局的時機。

月分	題材股	展覽
表1-2-2　年度週期性展覽相關題材類股		
一月	CES概念股、汽車、觀光、宅經濟、電玩、尾牙概念股、	CES美國消費電子展、台北國際電玩展
二月	MWC概念股、電玩、尾牙、觀光概念股	世界行動通訊大會（MWC）

三月	CeBIT概念股、節能家電概念股、高股息、營建類股	漢諾威電腦展（CeBIT）、國際照明展
四月	高股息、LED、工具機、汽車零件、電動車、3C概念股	法蘭克福國際照明展、漢諾威工業展、台北車展、台北春季電腦展、台灣國際電動車展
五月	百貨、餐飲、中概、董監改選、Google概念股	Google I/O開發者大會
六月	電腦相關、電玩、LED、太陽能、光電、生技醫美、董監改選、投信作帳、APPLE概念股	台北國際電腦展（COMPUTEX TAIPEI）、E3電玩展、美國國際照明展、慕尼黑光電展、美國國際生技展、投信作帳及董監事改選、蘋果全球開發商大會（WWDC）
七月 八月	觀光、食品百貨、宅經濟、節能、生技、消暑、電腦相關概念股	台灣生技大展、台北電腦應用展
九月	營建、英特爾概念股、貨櫃航運、3C概念股、通訊網路及遊戲產業、太陽能概念股	928營建檔期、英特爾科技論壇、柏林國際消費電子展、台北3C大展、中國國際信息展覽會、東京電玩展、歐洲太陽能展（EU PVSEC）
十月	中概股、通訊網路業、物聯網概念股、雲端概念股、環保回收、水資源及三節能概念股	大陸十一長假、台灣國際寬頻通訊展、台灣國際雲端科技與物聯網展、台灣國際綠色產業展
十一月	航運概念股	第四季產業旺季
十二月	集團作帳、汽車零件、寒冬概念股	集團法人投信年底作帳

資料來源：嘉實資訊

1-3
重大訊息，股價轉折契機

　　投資人對於標的基本面的觀察，除了基本面財報營收數據的評估及產業創新的機會外，公司高階經理人也是左右公司未來發展的靈魂人物，特別當標的股價來到相對高點或是低點，人事的變動都可能暗示著股價可能有轉折的契機。

　　這些公司重大訊息都會公告在公開資訊觀測站（圖1-3-1），投資人可以善加利用。

人事變動，影響股價走勢

宏碁高層搬風，增三大事業群，施振榮長子進入核心，擔綱自建雲操盤手

2014/1/24 蘋果財經

　　宏碁（2353）執行長陳俊聖元旦上任，為宏碁組織診斷下第一刀，業界評為「3升1降」。新增設筆電、固定運算暨顯示、

圖1-3-1 「公開資訊觀測站」可查詢重大訊息

公司代號	公司簡稱	發言日期	發言時間	主旨
6107	華美電子	103/08/07	15:52:57	公告本公司薪資報酬委員會成員異動。
2889	國票金控	103/08/07	15:52:22	公告本公司103年7月份自結盈餘。
1308	亞聚	103/08/07	15:51:55	公告本公司變更財務主管。
6115	鎰勝	103/08/07	15:50:49	代鎰勝工業（越南）子公司取得土地公告。
9926	新海瓦斯	103/08/07	15:47:35	公告本公司董事會決議股利配發基準日。
6236	康呈生醫	103/08/07	15:46:13	公告本公司撤銷台北（長安）分公司。
6236	康呈生醫	103/08/07	15:43:28	公告本公司取得美加醫學股份有限公司100%。
6138	茂達電子	103/08/07	15:43:14	公告本公司取得美國專利。

網址：http://mops.twse.com.tw

自建雲暨平板產品三大事業群，設計中心負責人林永仁兼任統管筆電，董事長施振榮長子施宣輝升任自建雲操盤手，黃杉榕操盤桌機，黃資婷則遭削權，未來僅專注運籌採購。

以台灣之光宏碁為範例，股價於2011年曾經達到近百元，雖然前CEO蘭奇曾將宏碁成功行銷登上國際舞台，然而由於平板電腦的興起，造成個人電腦市場相對的萎縮，2011年第一季

個人電腦營收下修10%，導致股價半年內腰斬。雖然祭出庫藏股
並且一次認列泛歐通路1.5億美元（約台幣43億元）銷售折讓營
運損失，但由於個人電腦市場萎縮，之後連續兩年股價仍然低迷
不振，2013年11月股價最低點曾來到14.8元（圖1-3-2）。

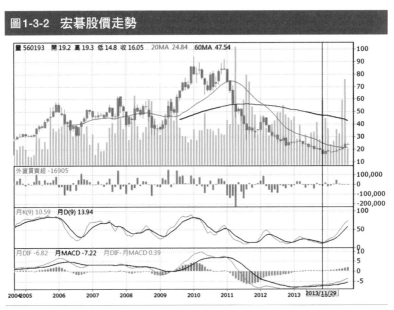

圖1-3-2　宏碁股價走勢

資料來源：CMoney理財寶「權證好好玩」

　　直到2014年1月高層組織大搬風，由擅長行銷的陳俊聖擔任
執行長，並將事業群重新規劃（圖1-3-3），雖然月營收上未起
色，但是由於經理人的變動及組織的改造，股價已經逐漸止跌回
升（表1-3-1）。

圖1-3-3　宏碁重大訊息公布

| 回首頁 | 新聞 | 基本資料 | 權證 | 生態誌 | 權證主力進出 |

2353 宏碁　　　　　　　　　　　　　　　　　資料日期：2014/08/07

- 20140725 平電Q2出貨季減1.5% 華碩逆勢成長 排名掉到老4
- 20140725 宏碁：公告本公司處理民國100年第二次庫藏股註銷完成變更登記事宜
- 20140724 宏碁手機銷貨量家數預測 7月已逾2成
- 20140724 宏碁手機銷貨量家數預測 7月已逾2成
- 20140722 Q2宏碁大PC出貨下滑2成 宏碁穩居筆電球第4名
- 20140720 下半年筆電代工表現 大者恆大 仁寶、廣達接大單
- 20140719 (工商時報)NB代工旺到第4季 其PCB供應鏈也先降
- 20140718 宏碁貸款的剛需具NB代工龍頭穩軍 平板接續旺
- 20140717 (權證)空方攻勢創2個月高點 碰點 宏碁短線逆勢爆量

TOP

宏碁執行長陳俊聖。(鉅亨網記者蔡宗憲攝)

筆電品牌宏碁(2353-TW)執行長陳俊聖今(24)日表示，宏碁仍走在復甦的道路上，包含外部與自身能量，都有助營運表現，其中PC產業今年預期是持平，不過二合一產品是今年市場亮點，第二主要動能來自Chromebook，宏碁在這些產品上做得很好，市佔率也領先其他廠商，今年市場總量可成長7成，宏碁銷量則可望倍增，他認為，除宏碁產品好，去年宏碁基期低也是因素之一，但他坦言目前Chromebook供應鏈相當吃緊，已增加新生產線供應，即使增加新產能，仍有2位數的缺口，因此每一台就賣一台！

陳俊聖指出，宏碁第二季表現不錯，展望第3季，仍要看外部與自身能量，外部來看，PC產業今年預期可較去年持平，表現沒有太大亮點，但宏碁二合一產品Switch 10獲得市場好評，銷售動能也強勁，即便對手降價，產品銷售動能仍很好。

另一個產品亮點則是Chromebook，陳俊聖指出，Chromebook市場今年急遽成長，全年市場成長性約達7成，而宏碁在Chromebook市場表現很好，市佔率領先對手，今年銷售成長率將超越市場平均7成，約可達1倍以上。

陳俊聖強調，Chromebook今年市場成長強，除一般零售市場，標案市場需求也很旺，目前宏碁已在美國、英國、澳洲、紐西蘭等地區上市，亞洲也已上市在多數國家上市，日本下周也將上市，也有言供給面相當吃緊，近期已新增產能，但仍供不應求。

此外，陳俊聖也說，桌上型電腦今年受惠微軟停止支援XP系統，出貨表現也央當強勁，而宏碁的成長性也超越筆電出貨成長力道。陳俊聖認為，上半年宏碁表現不錯，下半年市場動能仍存在，且現在經營團隊很有變革與變強的意志力及決心。

資料來源：CMoney理財寶「權證好好玩」

表1-3-1　宏碁月營收

年月	股價	月合併營收（萬元）	MoM (%)	YoY (%)	累積合併營收（萬元）
201406	21.35	36,549	43.1	−2.3	158,080
201405	19.5	25,547	32.7	−2.9	121,531
201404	18.65	19,253	−37.5	−25.3	95,984
201403	17.95	30,792	25.8	−17.6	76,724
201402	18.05	24,470	14.0	−12.9	45,939
201401	17.95	21,469	−24.4	−18.5	21,469
201312	18.3	28,385	−7.7	−22.0	360,132
201311	16.05	30,743	11.5	−5.3	331,806
201310	19.2	27,572	−16.4	−15.6	301,063
201309	20.55	32,966	7.5	−19.3	273,496
201308	19.95	30,660	7.4	−13.8	240,526
201307	22.15	28,552	−23.7	1.7	209,866
201306	21.5	37,424	42.2	−19.1	181,351

資料來源：CMoney理財寶「權證好好玩」

找出蛛絲馬跡，早一步追蹤布局

　　除了公司經理人變動可能對於公司未來基本發展有所影響，投資人也可以從這些重大訊息中或財報內容，找出可疑的蛛絲馬跡（表1-3-2）。

　　一般而言，除了大股東、內部關係人或是法人投資機構，大部分的散戶無法得知公司基本面的變化，不過拜現代科技所賜，訊息大都即時公告，用功的投資人可以在資訊公告時提前準備。例如，每個月10日財報的公告，標的股價大都在上個月的下旬發酵；而題材創新類股通常有3至6個月的操作週期，定期的展覽相關題材股，也大都提早一季可以追蹤布局。至於重大訊息發生的續發力也非短期效益，投資人仍然是有機可乘。這類的資訊投資人只要勤快點，都可以輕而易舉地上網Google得知。

表1-3-2　重大訊息及財報資訊的注意變化

1. 掌握董監事主權，但是持股比例低。
2. 大股東、董監事、質押比率增高或是陸續出脫持股。
3. 董事、監察人、財務主管或會計師職位異動或辭退異常。
4. 過多的子公司，交易的帳目複雜。
5. 公司內部異常的關係人交易。
6. 浮濫增資發行新股、公司債、轉換公司債等有價證券。
7. 連續財務預測準確度差異過大。
8. 財報營收或淨利雖成長，但是現金流動出現異常。

資料來源：工商時報

第二章

技術分析，掌握轉折

　　一般而言，投資人通常都是天真地只想要賺錢而隨意買入股票，其實投資股票和追女朋友是一樣的，了解一檔股票的基本面，就如同先清楚女孩的原生家庭、教育程度或是興趣，才能知道志趣是否相同，以及未來要如何發展。

　　其次，技術面的分析就如同知道女孩的年齡層或是心態成熟度，這樣就會知道如何相處。例如，對於年紀輕的女生，可能需要多花點時間陪伴，而遇到獨立的熟女，則相處的模式彈性較大。

　　對於標的的技術面分析，則是利用相關的指標來達到判斷股價的基期，而採取不同的投資策略。至於籌碼面的分析，則像是親友團的支持度，如果越多親朋好友的支持，相信就得到越多的祝福；而運用在投資股票上，籌碼越集中，三大法人加持越高，股價的爆發性更強。

　　技術分析其實是統計學的運用，蒐集了買方和賣方的價量成交紀錄，來協助投資人判斷目前交易的狀況，及推估非常態情況下如何買賣。舉人類的年齡為例，台灣男性的平均壽命高達76歲，假設你看到一個16歲的男生，當然分類成年輕人，而看到了90歲的爺爺，應該就歸屬超過平均壽命的長壽族。這樣的邏輯可以套用在技術指標上，例如常被運用的KD，當該數值小於20%，即落入超賣區，建議可以逢低買入；KD大於80%，則為超買區，建議逢高賣出。

　　然而，許多的強勢股或弱勢股會出現高檔（低檔）鈍化，這

樣的狀況就是常態外。因此，對於初學者，我建議最好合併2至3個指標同時觀察，就可以避免以上的狀況。

理論上，技術參考指標可能有數十款（如下圖），本章要傳授的第二招，就是常見的重點指標，投資人只要活用這些指標，化繁為簡，應該就足夠在投資市場上操作自如。同時，這些指標亦可運用在各類商品的投資上，例如外匯、黃金、原油及原物料等，此外，對於投資世界基金的投資人，也可能運用來分析想投資的國家大盤走勢，而決定何時進出場。

圖　技術指標種類

初級班

型態學

反轉型態 掌握多空轉折點	
頭肩型態	大波段行情結束的警鐘
W底&M頭	雙峰或雙底的反轉
圓型	大碗公理論
菱型	最難辨識的行情休止符
島型反轉	一百八十度緊急迴轉

繼續型態	
三角型	行進間換手
楔形	在鍋板與鍋蓋之間
旗型	平行線的整理方式

缺口	
突破缺口	一大段行情的訊號彈
逃逸缺口	行情快結束前的激情
竭盡缺口	趨勢結束的確認信號

中級班

指標學

RSI	物極必反的實踐者
MACD	最具公信力的波段指標
MTM	動能探測器
DMI	大波段行情的領航員
KD	超敏感的指標
MA	常被拿來看支撐壓力的數字
PSY	測市場投資人看漲看跌的工具
%R	與KD像的買賣力道強度分析
AR	用開盤價來看買賣氣勢的指標
BR	用昨天收盤價來研究買賣氣勢
OBV	成交量判斷人氣最常用方法
VR	也是用成交量值來研判買賣超
ADR	漲跌家數作成的指標
TAPI	大盤平均每一點有多少成交量
OBOS	也是漲跌家數作成的指標
ADL	累計漲跌家數作成的大盤指標

高級班

趨勢理論

主趨勢	股價長線的發展趨勢
修正趨勢	漲多拉回與跌深反彈
小趨勢	不是趨勢的波動

扇形理論	
主要趨勢的修正折返走勢	

波浪理論	
五波升三波降的基本節奏	

單線	
單一K線棒的意義	

逆時鐘曲線	
價與量的關係圖	

壓力與支撐	
力量集中的趨勢線	

資料來源：MoneyDJ理財網

2-1

多空趨勢：趨勢線、均線及波浪理論

　　投資人在市場賠錢的經驗中，最大的錯誤是對於選擇的標的**趨勢**方向搞顛倒，明明看多，一買就下跌。而且散戶通常都是愛熱鬧，追在高處轉折點，停損在最低點。如果能多花點時間了解專業理論，就能避免這些慘痛的經歷。

　　技術分析中，可以運用**趨勢線、均線及波浪理論**，便能判斷多空**趨勢**方向。基本上，無論是大盤或是個股，股價的走勢不外乎是股價越走越高的上升**趨勢**，或是股價越走越低的下降**趨勢**，還有股價走勢不明的盤整型態。作多的投資人要找股價**趨勢**向上的標的，作空的投資人就要找股價**趨勢**下跌的標的。

　　以三陽股價週線為範例（圖2-1-1），股價至18元上漲到近50元，走出近一年的上升走勢，之後於50元上下橫向盤整後，向上突破股價至最高點60元左右，又在短短幾週內跌回盤整區後，跌破20週的均線；股價大跌、走下降**趨勢**，這階段就是放空股票的好機會。投資新手大部分會買在40幾元的盤整區，或

圖2-1-1　股價上升、盤整及下降趨勢

資料來源：CMoney理財寶「權證好好玩」

是下跌至盤整區的時間點，但是若能懂得趨勢線及均線的專業，
這樣的失誤就能避免。

趨勢線：判斷走勢方向

　　趨勢線是運用簡單的兩點劃一直線的方法，來判斷股價的走
勢，可以區分為「上升趨勢線」和「下降趨勢線」，掌握趨勢線
分析，就等於贏在起跑點。

上升及下降趨勢

　　上升趨勢線是以兩個股價的低點連結成一直線（圖2-1-2），上升趨勢線除了可以標示出股價的走勢外，也可以當成股價的支撐線。基本上，趨勢線不會短期就反轉，通常搭配均線可以預估大約股價走升的時間長短，因此當股價回檔至上升趨勢線，就會發揮支撐的作用。當然，隨著股價的走高，支撐線多次被測試，若跌破時就代表多頭趨勢反轉成空，投資人不宜作多。

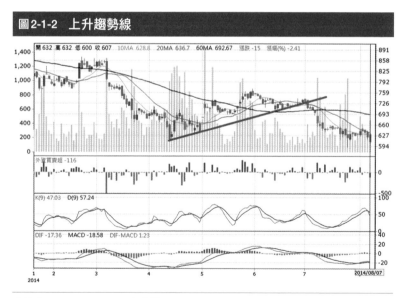

圖2-1-2　上升趨勢線

資料來源：CMoney理財寶「權證好好玩」

　　以圖2-1-2為例，股價自800多元下跌至610元才出現止跌訊號，股價漲到700元左右後回檔至670元，選取610元和670元兩個低點，就可以畫出上升趨勢線，股價再次回檔至此線即形成了支撐，投資人可以持續作多，直到7月初跌破上升趨勢線後，就不宜作多。

　　圖2-1-3範例可以說明下降趨勢線的畫法，這檔標的自80幾元大漲至146元後沒幾天就跌破了上升趨勢線，跌破上升趨勢線是作多投資人的最後出場點。果然之後持續走下降趨勢，股價越跌越低。下降趨勢線的畫法，以高點146元及反彈次高點142元

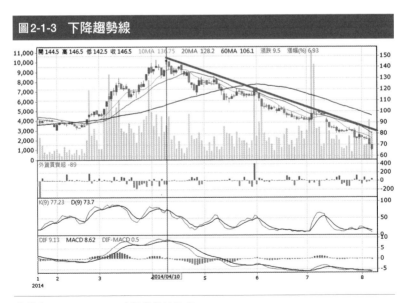

圖2-1-3　下降趨勢線

資料來源：CMoney理財寶「權證好好玩」

兩點劃一直線，下降趨勢線表示趨勢已經走空，當股價反彈到下降趨勢線則形成壓力，是放空操作的加碼點，直到股價上漲突破下降趨勢線，股價趨勢才由空轉多。

整理型態

　　股價走勢除了上升趨勢及下降趨勢外，還有一種整理型態，代表股價的方向不明。持續同一方向的趨勢整理型態有三角型、楔形及旗型；若是多空趨勢方向經反轉出現的整理型態，則包括頭肩型、M頭W底、圓形、菱形及V型。

　　實務上，投資人一開始無法區分這些型態的差異，再者，這些整理型態的決定是由主力所決定的，因此建議搭配均線簡單口訣運用（下文詳解），例如：股價收盤價跌破5日均線，股價倒楣5天，跌破20日均線，股價可能整理20日。反之，股價收盤價站上5日均線，股價好5天，站上20日均線，股價可能走多20日。新手掌握這重點，股價一旦開始整理，盡可能地避開操作，同時參考三大法人（外資、投信及自營商）或主力的進出，如果連續三天明顯的買賣超，搭配股價大漲或大跌一段，都可能是趨勢反轉的訊號。投資人等待均線呈現多頭或空頭走勢後，再決定操作方向比較安全。

　　趨勢不變時候的中途整理期間比較短，通常股本較大者，整理時間比股本小的來得久。若是趨勢方向轉變的時候，整理時間

通常會比較長，並且做出頭肩型、M頭W底、圓形、菱形及V型等型態，時間的長短通常還是由主力籌碼決定。

以圖2-1-4股價自2013年3月22日突破30元後，週線均線排列為多頭走勢，且股價皆在上升趨勢支撐線上，直到2013年11月破上升趨勢線，股價橫向整理近半年之久，2014年4月18日跌破20週線後，均線空頭排列，股價大跌近50%。投資人應該掌握趨勢線判斷，多空順勢操作，同時運用趨勢線來避開整理階段的風險。

圖2-1-4　股價整理走勢

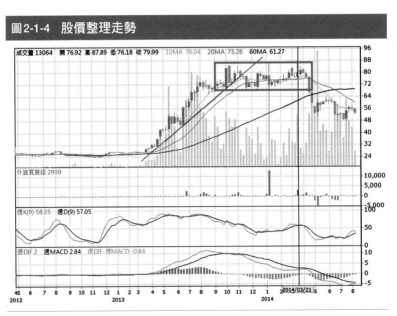

資料來源：CMoney理財寶「權證好好玩」

活用均線週期操作

　　均線的計算是由每天標的的收盤價累加平均計算，例如，標的連續五天的收盤價為10元、10.2元、10.5元、10.3元及10.8元，5個股價加起來除於5就是「5日均價」（10＋10.2＋10.5＋10.3＋10.8）/ 5＝10.36；若第六天為11.2，則5日均價為（10.2＋10.5＋10.3＋10.8＋11.2）/ 5＝10.6，兩個5日均價的點連成「5日均線」（5MA），不同的天期都是一樣的算法，而週線則是改成每週的收盤價，月線則是每月的收盤價。一般看盤軟體以日線為主，常使用5日均線（5MA）、10日均線（10MA）、20日均線（20MA）、60日均線（60MA）、125均線（125MA）及250日均線（250MA）。

　　均線可以區分目前股價多空，也可以發現股價的支撐和壓力，還有整理時間的估計。多頭走勢代表股價越走越高，因此均線排列為短天期＞長天期（5MA＞10MA＞20MA）；反之，空頭走勢代表股價越走越低，因此均線的排列為長天期＞短天期（20MA＞10MA＞5MA）。

判斷多頭或空頭排列

　　以百合為例（圖2-1-5），股價自2013年11月跌破40元後，一路下跌至30元，跌幅達25%。2013年11月至2014年2月期

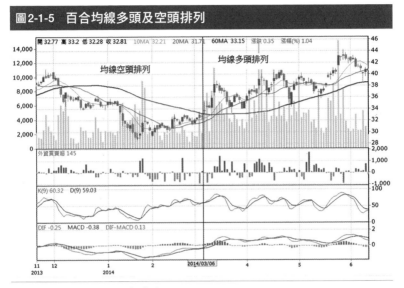

圖2-1-5　百合均線多頭及空頭排列

資料來源：CMoney理財寶「權證好好玩」

間，均線排列為空頭走勢：60MA > 20MA > 10MA，當股價均線排列為此狀況，投資人切記勿逆勢操作搶反彈。基本上，股價反彈至月線20MA壓力，大都是試單的空點。若想作多標的，至少等到2014年2月中旬，股價站上20日均線（20MA）。

　　2014年3月至6月，標的股價均線排列10MA > 20MA > 60MA，呈現多頭走勢，股價也從2014年2月中旬的33元大漲至45元。當股價呈現多頭排列，投資人請順勢操作多方買進，而當股價回到20MA均線，大都有所支撐，是投資人可再順勢加碼的時機。

　　以上的範例說明，均線除了輔助投資人判斷目前的多空方向，並提供了多方回檔加碼的參考及空方反彈至壓力點的續空，同時也能暗示這檔標的多或空的時間長短。複習前文所提的簡單口訣：「股價跌破幾日線，就會倒楣幾日，股價站上幾日線，就會好運幾日。」也就是說，股價跌破20日均線（20MA），就會倒楣20日，投資人在這段時間，千萬別搶短。而股價站上20日均線（20MA），就會走多20日，新手要順勢作多，別亂空。

　　以承業醫說明（圖2-1-6），2014年2月24日股價站上季線（60MA），並且呈現多頭排列（10MA＞20MA＞60MA），

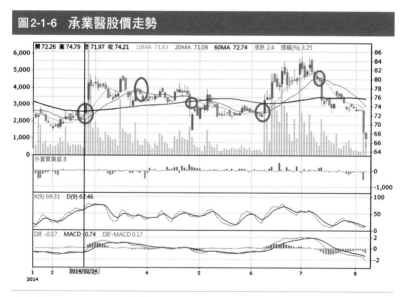

圖2-1-6　承業醫股價走勢

資料來源：CMoney理財寶「權證好好玩」

大漲後回檔至2014年3月12日股價20日均線支撐後續漲，直到2014年4月25日皆在季線上區間盤整。投資人於股價跌破月線（20MA）最好空手觀望，跌破季線（60MA）反彈更不宜作多，建議直到2014年6月10日股價站上月線後且10MA > 20MA，再進場操作為宜。

持有天期越短，就選擇越短的週期均線

投資人在看盤軟體中會發現，均線的分類有日線、週線及月線，甚至做期貨或當沖的投資人會參考5分、15分、30分及60分不等。這些不同週期的均線都有10MA、20MA、60MA，以日均線為例，20MA是20日（月線）收盤價平均值，60MA是60日（季線），若以週為單位，20MA就是20週收盤價平均值，60MA就是60週。依此類推，5分的20MA就是20個5分的收盤價平均值，30分的20MA就是20個30分的收盤價平均值。

這些不同週期的均線要如何運用呢？主要還是參考投資商品及投資目的的差異而做選擇。基本上，持有天期越短，選擇的均線週期越短。例如，做期貨、現股當沖或是權證，不需要看週線，必須觀察5分、15分、30分等短期的均線週期。一般現股的投資可以參考日線，若持股超過3個月，則建議參考週線，而長期的投資人則必須看標的的月線。

日、週、月線搭配使用，判斷股價走勢

　　除了以投資的週期來選擇觀察的均線，搭配日線、週線及月線使用，就可以判斷標的股價短期、中期及長期的趨勢。例如，標的股價日線是多頭排列，週線是空頭排列，月線也是空頭排列，就可以解讀為該標的股價短線走多，中期和長期都走空。換言之，對於該標的的操作策略為：日線短線反彈後，遇到中期的下降壓力或是均線的反壓，都要尊重並即時停利，落袋為安。

　　以國巨週線股價為例（圖2-1-7），呈現10週線（10MA）＞

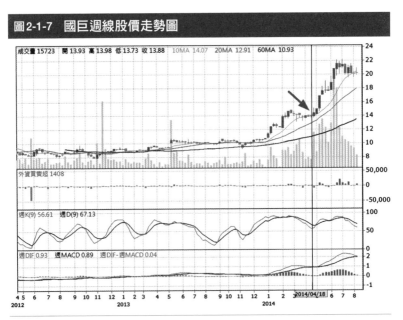

圖2-1-7　國巨週線股價走勢圖

資料來源：CMoney理財寶「權證好好玩」

20週線（20MA）＞60週線（60MA）的多頭走勢，且圖2-1-8
日線股價也是10MA＞20MA＞60MA，這樣的線型可以解釋為
短多中多的趨勢，投資人對這樣的型態，千萬別逆勢作空，否則
肯定是災情慘重。國巨股價從週線來看，真正啟動多頭走勢是在
2014年1月，持續近三個月的漲勢達4成，10週（10MA）均線
的支撐橫向盤整約一個月後，股價自14元再次起漲至22元。國
巨日線股價（圖2-1-8）始終沒有跌破20日線（20MA），且日線
維持多頭排列（10MA＞20MA＞60MA）。

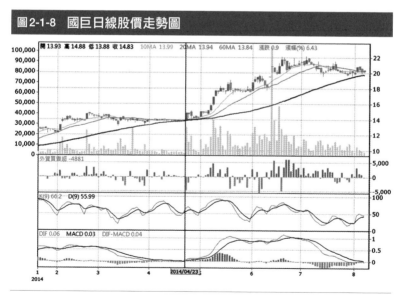

圖2-1-8　國巨日線股價走勢圖

資料來源：CMoney理財寶「權證好好玩」

　　從群創週線股價走勢來看（圖2-1-9），在2012年12月至2013年6月週線排列為多頭走勢：10週線（10MA）＞20週線（20MA）＞60週線（60MA），股價皆在10週（10MA）線上，股價當然也好10週。直到長黑K跌破20週線（20MA）轉為空頭排列：10MA＜20MA＜60MA，而20週線（20MA）亦成為股價反彈的壓力均線。觀察股價日線排列（圖2-1-10），於2014年4月後呈現多頭排列（10MA＞20MA＞60MA），然而當股價由10元漲至12.5元，股價剛好碰到60週線而回檔。搭配週線和

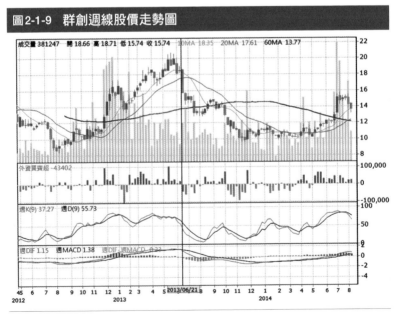

圖2-1-9　群創週線股價走勢圖

資料來源：CMoney理財寶「權證好好玩」

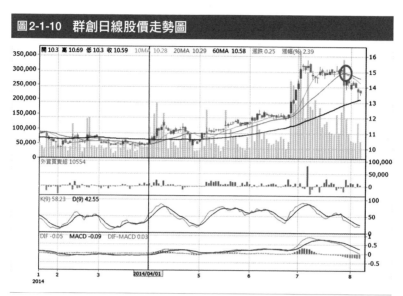

圖2-1-10　群創日線股價走勢圖

資料來源：CMoney理財寶「權證好好玩」

日線的多空方向，並且利用均線壓力支撐的作用，來提供進出的
參考點，是相當好用的指標。

葛蘭碧八大法則，找出進出參考點

　　上文提及利用趨勢線掌握多空方向，了解均線的支撐壓力及
多空期間的預測，而進出的參考點，則可以運用「葛蘭碧八大法
則」，這些法則是運用均線進出的精華理論，是投資人一定要了
解的。

　　葛蘭碧八大法則是運用股價K線的走勢和均線的關係，來判斷買進賣出的最佳點。一般運用是選擇日K線的走勢，配合操作的週期，選擇合宜的均線。例如操作是3至5天的週期，可以日K線搭配5日均線（5MA），假設操作週期約一個月，則可以選擇日K線搭配20日均線（20MA）。同樣的法則可以運用在5分、15分、30分或60分等不同的均線週期。

　　以圖2-1-11為例，虛線為K線走勢，實線為移動平均線，當股價上漲突破移動平均線稱為黃金交叉，為買進訊號。股價持續上漲，移動平均線當然會上揚，但是股價上漲過多總會回檔整理，當回檔遇到均線支撐時後又是買入的機會點。股價上漲離均線乖離過大時候，投資人可以選擇賣出，等到再次回到移動平均

圖2-1-11　葛蘭碧八大法則買點及賣點

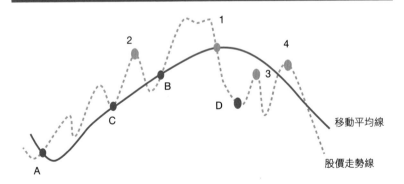

移動平均線

股價走勢線

A、B、C、D表四種買點
1、2、3、4表四種賣點

線支撐點，可以繼續加碼。如果股價漲幅持續，移動平均線的走勢當然是往上揚，亦具備有支撐的作用。

若股價開始盤整，移動平均線就會開始走平，一旦標的股價下跌至移動平均線下，形成死亡交叉，就是要賣出的訊號。隨著股價續跌呈現空頭走勢，跌深買點搶反彈後，移動平均線成為壓力，也是賣點的參考。因此由圖2-1-11的A、B、C及D買點及1、2、3及4的賣點，就是運用葛蘭碧八大法則。

突破20日均線──買進訊號

將葛蘭碧八大法則運用於實務的運用，如果標的股價持續上升、呈現多頭走勢，只要回到移動平均線就是買點；反之，股價跌破移動平均線呈空頭走勢，移動平均線就成為壓力的參考點。

以仁寶為範例（圖2-1-12），2014年3月27日收盤股價20.5元，突破20日均線（20MA）20.13元，形成黃金交叉，就是圖2-1-11的A點買進訊號。股價維持在20日均線（20MA）持續一個月後回檔至20日均線下，於2014年5月8日收盤22.35元，站上20日均線（20MA）的22.14元，此買入位置為圖2-1-11的B點。之後股價持續上揚，20日均線（20MA）也同步走揚，觀察2014年6月11日股價離均線乖離較大，且日K出現上影線，此賣出訊號類似圖2-1-11的第2賣點。

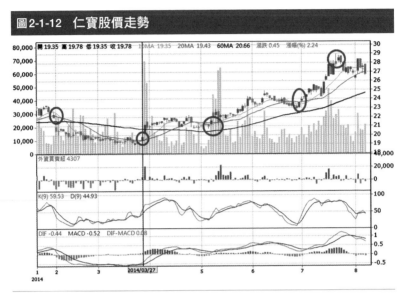

圖2-1-12　仁寶股價走勢

　　實務上，標的不一定會如圖出現全部的買賣點，基本上以移動平均線為準，只要確定跌破，就可能會成為空頭走勢，此時反彈上來，都是參考的賣點。

跌破20日均線──賣點參考

　　以陽程股價跌破20日均線（20MA）後的空頭走勢買賣點操作為範例說明（圖2-1-13），2014年3月14日收盤股價為142.5元，跌破20日均線（20MA）的145.08元，股價跌破均線稱為死

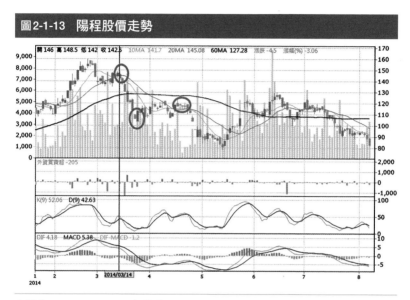

圖2-1-13 陽程股價走勢

資料來源：CMoney理財寶「權證好好玩」

亡交叉，為圖2-1-11賣點1。股價持續下跌至2014年3月24日的
105元，且離20日均線（20MA）乖離過大，此買點為葛蘭碧八
大法則的D買點。隔天開始反彈至2014年4月10日的第3賣點，
2014年4月16日股價站上20日均線（20MA），假突破後再次下
跌，此賣點為第4賣點。

波浪理論：預測未來走勢

趨勢線幫助找出股價多空趨勢的轉換，均線搭配葛蘭碧八大

法則幫助找出最佳的買點與賣點，而「波浪理論」則是輔助判斷未來走勢的預測。

波浪理論基礎的架構，是把股價由多轉空的走勢，區分為「五波上升，三波下降」的基本節奏，三個推動波分別為第1、3及5波，而修正波則為第2及第4波（圖2-1-14）。第1波稱為初升段，第3波稱為主升段，第5波稱為末升段。基本上，主升段的漲幅最大，末升段搭配股價跌破上升趨勢線和均線後，才會開始形成頭部型態整理，若帶量跌破型態支撐，進行下降三波a、b、c。

實務上，波浪理論不太需要過於仔細研究股價究竟走到第幾波，只要掌握區分價量表態的時候在什麼基期。「低基期」指的是波浪理論的第1波初升段，表示漲幅的空間還很大，投資人可以做較長期的持有。如果股價已經走到第5波的末升段，就可視

圖2-1-14　波浪理論的「五波上升，三波下降」

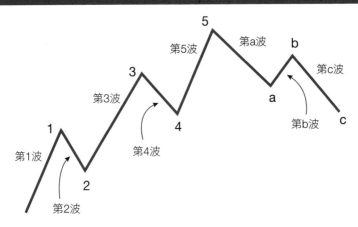

為「高基期」，此時要注意股價趨勢隨時反轉的訊號，可以參考
K線型態，例如長黑K線、長上影線、十字線等高檔轉折變盤線
（於第二節詳述）。

　　基本上，若股價跌破上升趨勢線的支撐價格，投資人最好觀
望勿作多，均線死亡交叉後呈現空頭排列，反彈至均線壓力，再
順勢作空為宜。

　　每個標的的股價走勢不一定會如同波浪理論般地完成上升五
波及下降三波，有時候會有失敗的第五波或是延續的第五波，以
德律為例（圖2-1-15），日線股價走完初升段、主升段及末升段

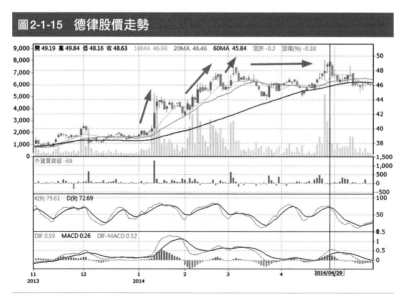

圖2-1-15　德律股價走勢

資料來源：CMoney理財寶「權證好好玩」

且跌破了上升趨勢線，橫盤整理近四個月，投資人應儘量避開高
基期的橫向盤整。

　　以三陽股價走勢（圖2-1-16），說明波浪理論中下跌三波
a、b、c波。a波下跌力道通常較強，搭配葛蘭碧八大法則，下
跌後負乖離過大會有反彈的b波出現，遇到均線壓力就是再次
的賣點（空點），完成c波的跌幅，同樣也會有止跌訊號K線出
現，同時股價站上下降壓力線後再進行打底階段；止跌K線有：
長紅K線、長下影線及十字線等低檔轉折變盤K線等（第二節詳
述）。作空的投資人要清楚股價下跌的程度，如果已經下跌至c
波，就要相當的小心。

圖2-1-16　三陽股價走勢

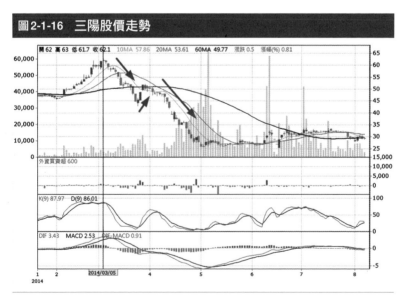

資料來源：CMoney理財寶「權證好好玩」

2-2
轉折判斷：K線、型態及背離

　　如果你是投資新手，剛剛接觸股票的第一印象，大概除了記住股票的代碼外，應該就是那每天一根根的K線了。這根K線其實包含著買方賣方多空交戰的許多資訊，特別在趨勢轉折點，都會出現特別的K線型態，投資人必須花點時間好好了解，搭配書中介紹的主要指標，就能掌握最佳的進出場點。

　　而當標的股價走高或是下跌，但一些技術指標並沒有同步的方向，特別是股價創新高，技術指標或是成交量沒有跟著創新高；或是股價下跌創新低，但是技術指標沒再跟著創新低，這樣的情況就稱作「背離」。

K線：開盤價、最高價、最低價和收盤價

　　K線相傳由日本江戶時代的大米商本間宗久所發明，用以記錄每日的米市行情。K線可以讓我們觀察到股市開盤到收盤時

間，股價隨著買方和賣方的價格拉鋸下不停的變動，也可以運用在各類的交易商品，例如黃金、原油、外匯和期貨等等。

　　一根K線包含了開盤價、最高價、最低價和收盤價（圖2-2-1），可以觀察這段時間的價格變化。K線以週期長短可區分為分（1、5、10、20、30、60等）、日、週及月K線，常用的日K包含一個交易日中的開盤價、最高價、最低價和收盤價，而週K則

圖2-2-1　K線的意義

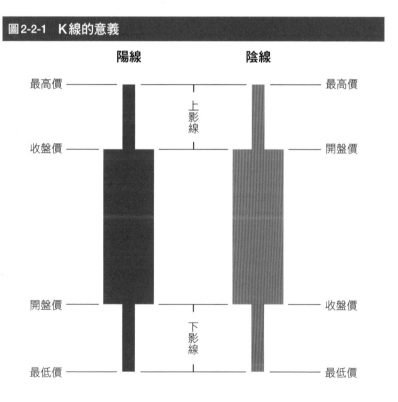

是一週開盤的價格，到一週最後一個交易日的收盤價和當週最高價及最低價。60分K線則是表示以一個小時交易時間的開盤價和收盤價，及最高價及最低價而繪出的K線，可依此類推不同時期的K線定義。

陽線、陰線和中立線

K線以開盤價和收盤價的差距可區分為陽線、陰線和中立線。開盤價小於收盤價為陽線，開盤價大於收盤價為陰線，而開盤價等於收盤價則為中立線。

陽（陰）線中若最高價大於收盤（開盤）價，就會出現上影線，而下影線則是陽（陰）線中若最低價低於開盤（收盤）價的距離。無論陰線、陽線還是中立線，上影線都是代表賣方的力道，上影線越長代表往上賣方力道越大，而下影線代表買方的力道，越長代表買盤的力道越強。

從K線解讀交易過程中的多空力道

圖2-2-2為主要的K線型態，基本上，投資人看到這些K線的分類大概就昏頭轉向了，到底實務上要如何運用呢？

假設我們把K線當作多方和空方買賣的拔河賽，當多方越強，開盤後奮力往上拉，就會形成陽線，甚至直接開漲停鎖住，

就形成了「四值同時線」；空方力道越弱，上影線就越短。相反
地，當空方越強，開盤後直接往下殺，就會形成陰線，直接開
跌停時候也會形成圖2-2-2四值同時線，多方力道越弱，下影線
越短。

圖2-2-2　主要K線型態

陽線	長陽線	下影陽線	上影陽線
	漲幅＞4.5%	收盤價＞開盤價（但是盤中有下跌）	收盤價＞開盤價（但是盤中有上漲拉回）
陰線	長陰線	下影陰線	上影陰線
	跌幅＞4.5%	收盤價＜開盤價（但是盤中有下跌）	收盤價＜開盤價（但是盤中有上漲拉回）
中立線	四值同時線	倒T（T）字線	十字線
	─	⊥（T）	＋
	開盤價＝收盤價（直接跳空漲停或跌停）	開盤價＝收盤價（但是盤中上漲或是下跌）	開盤價＝收盤價（但是盤中有上漲和下跌狀況）

　　每天的K線變化對投資人而言，要注意的是當股價呈現多頭並上漲一波段，忽然間出現了空方力道變強的長陰線、空方阻力增加的上影線（上影陰線、上影陰線及倒T字線），還有多方僵持的十字線，以上的K線都可能是漲幅波段要休息的K線型態。

　　同樣地，當股價呈現空頭並下跌一波段，忽然間出現了多方力道變強的長陽線、多方支撐力增加的下影線或T字線，還有多方僵持的十字線，以上的K線都可能是止跌訊號的K線型態；投資人搭配指標的背離，就可以決定進出場的時機。

　　以台表科（圖2-2-3）股價走勢為例：當股價漲到46元時，出現了賣方的壓力，因此出現了上影線的陰線後，由空方掌控股價開始回檔，在整理後突破前壓漲到51元左右，同樣出現了上影線的K線後而下跌。此外，長陽線和長陰線在低檔整理及高檔整理期間出現是相當具有意義的，通常代表一個趨勢的轉折，圖2-2-3在股價50元上下整理了幾個交易日後之後，出現了下跌量增的長陰K線並且跌破20日均線（20MA），均線呈空頭排列、被空方完全掌握近一個月，直到股價突破下降趨勢線後，空方趨勢反轉後打底，股價並且站上20日均線，逐漸形成短多的均線排列（10MA ＞ 20MA）。

　　波段漲幅或跌幅的時機點可以靠K線來輔助判斷，但是若是多空趨勢的轉折確定，由多轉空時候，股價會跌破上升趨勢線，空轉多時候，股價會站上下降壓力線，大部分可能會經歷了做頭（多轉空）及打底（空轉多）的型態過程。

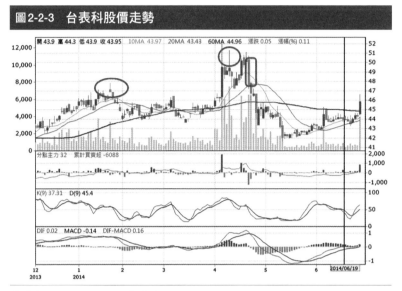

圖2-2-3　台表科股價走勢

資料來源：CMoney理財寶「權證好好玩」

背離：轉折偵測器

俗話說：「天下沒有不散的宴席」，在投資市場上，股價也沒有天天漲不停，無論是散戶主力或法人，都是希望低買高賣，獲利出場。反之，除了標的公司下市，股價跌深也會有反彈的機會，甚至可能低檔反轉走多。這些轉折點除了觀察K線型態，通常可能會出現背離的情況。

我們常常會聽到電視上的分析師說「價量背離」，最簡單的就是指股價創新高，但是成交量沒有同步創新高。發生這樣的情

況，暗示著股價可能回檔，或是趨勢可能即將反轉的徵兆。

　　實務上，股價的背離狀況有高點出現的「高檔背離」，和低檔出現的「低檔背離」，都是極具趨勢準備反轉的代表性。但是出現背離後可能不會立刻趨勢反轉，通常會有做出高檔頭部及低檔打底的情況，確定跌破上升趨勢線（多轉空），或是站上下降趨勢線（空轉多），才能確定多空趨勢的反轉。

　　少部分的股價會高檔持續背離或是低檔持續背離，這時候則必須注意籌碼的變化（詳細內容於第三章解說）。簡單說，若是有主力法人大戶的加持，確實可以暫時左右技術分析的走勢。

高檔背離

　　以和碩說明高檔背離的狀況（圖2-2-4），該標的由40元漲到50元的時候，股價創前高，成交量也有同步增加，因此沒有價量背離的現象。而指標（KD及MACD）也是同步上升的方向，也沒有指標的背離。

　　然而，股價續漲至59元創前高，成交量並沒有同步增加，而且KD指標和MACD也有指標背離的狀況，因此股價無法繼續往上攻擊，橫向整理近一個月後跌破20日均線（20MA），股價回檔。

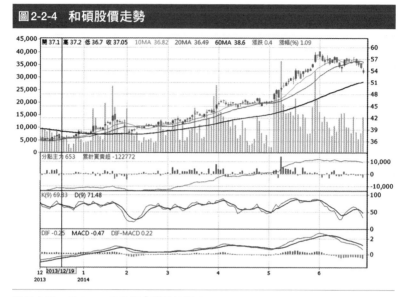

圖2-2-4　和碩股價走勢

資料來源：CMoney理財寶「權證好好玩」

低檔背離

　　低檔背離則是股價下跌，但指標並沒有同步下跌的現象，這樣的情況下，趨勢轉折有可能隨時發生。以佳邦股價說明（圖2-2-5），股價自45元下跌至35元，但是KD指標及MACD綠色柱狀體並沒有再創新低，因此趨勢由空轉多，股價止跌打底再次站上20日均線（20MA），且均線呈現多頭排列（10MA＞20MA），股價持續走升並且創前高續漲。

圖2-2-5　佳邦股價走勢

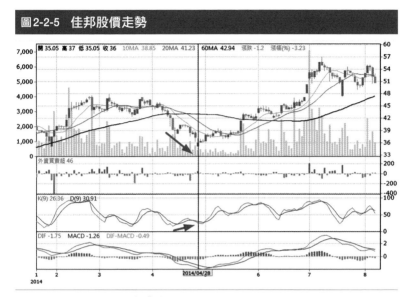

資料來源：CMoney 理財寶「權證好好玩」

2-3

常用指標：KD、RSI、威廉、乖離、MACD及B-band

　　對投資人而言，通常多空趨勢掌握住，投資的勝率就提高50%，再運用指標做為進出場的參考及多空轉折的判斷，例如上一節提到的K線型態，以及本節要談的KD、RSI、威廉、乖離、MACD及B-band，投資勝率則可再增進。

KD隨機指標

　　由技術分析師藍恩（George Lane）發明的KD隨機指標（Stochastics），簡稱KD，是目前大眾普遍使用的指標之一，具備了動量觀念、強弱指標與移動平均線的優點。KD包含了快速平均值（%K）和慢速平均值（%D）兩條線組合而成，來判斷股價的超買或超賣的訊號。

　　K值和D值的使用上，必須注意在股價上漲的時候，K值會大於D值，K值大於D值交叉穿過稱為「黃金交叉」，表示未來

股價續漲。而股價下跌的時候K值會小於D值且呈「死亡交叉」，意味著股價會續跌。KD值其數字介於0至100，理論上KD值大於80%稱為「超買區」，提醒

普遍使用的9日KD計算

$$RSV（未成熟隨機值）=\frac{C-L9}{H9-L9}$$

C＝當日的收盤價
L9＝9日內最低價
H9＝9日內最高價
K＝2/3（前一日K值）＋1/3（RSV）
D＝2/3（前一日的D值）＋1/3K（今日）

投資人要擇機賣出，而KD值小於20%則為「超賣區」，投資人可以選擇買入。

　　從國統股價走勢中（圖2-3-1），可看出KD值出現黃金交叉後，K值持續大於D值，股價呈現上漲趨勢，當K值小於D值且出現死亡交叉時候，股價也出現回檔。

　　實務上，當KD黃金交叉後，且股價持續在20日均線（20MA）上並呈現多頭排列，KD值很少會再跌到20%以下，而且股價持續呈現多頭走勢的時候，KD值容易出現高檔鈍化，因此無法再根據KD值來判斷進出場的指標。相反地，當KD死亡交叉後，且股價持續在20日均線（20MA）下且呈現空頭排列，KD值很少會再漲回到80%以上，而且股價持續呈現空頭走勢的時候，KD值容易出現低檔鈍化，因此無法再根據KD值超賣區來判斷進出場時機。

　　此外，若搭配MACD觀察，MACD零軸以上為多頭走勢，

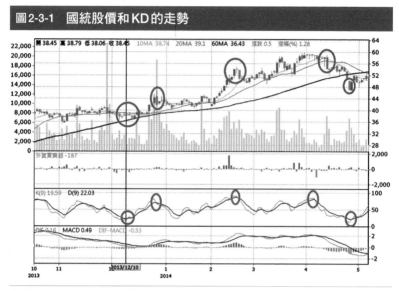

圖2-3-1　國統股價和KD的走勢

資料來源：CMoney理財寶「權證好好玩」

KD值很少跌至50%以下就黃金交叉，股價再次上漲；而當MACD零軸以下為空頭走勢，KD值很少漲至50%以上就死亡交叉，股價再次下跌。

RSI相對強弱指標

　　RSI（Relative Strength Index）相對強弱指標，是衡量買方力道及賣方力道的指標，RSI的數值是0至100，以50為中間數，表示買方賣方力道均等。股價上漲是買方的力道，股價下跌是賣

方的力道，然而多空力道可能會竭盡，而造成**趨勢**的反轉。基本上，RSI數值大於80代表「超買區」，暗示著由買轉賣的機率提高；反之，RSI數值小於20代表「超賣區」，賣方力道很強，隨時會有逆轉的可能。

實務上，RSI很少單獨被使用於買賣進出的指標，通常會搭配K線或是其他的指標參考。從佳士達股價走勢來看（圖2-3-2），若以RSI 50為買賣力道的中立並且搭配10日均線（10MA），當股價於10日均線的下方，賣方力道會大於買方，RSI通常低於50，若下降至20以下屬於超賣區，潛力買進價格可能出現。相反地，當股價站上10日均線（10MA），RSI數值通常會突破50，呈現買方力道大於賣方力道，當RSI上升大於80時，可以考慮逐步賣出。

RSI計算方法

RSI＝100－（100／（1＋RS））

其中RS為相對強度（Relative Strength, RS）＝AUn／ADn

AUn表示.n.日內收盤價上漲點數的.n日平均數
＝Σ（上漲點數_i）／n

ADn表示n日內收盤價下跌點數的n日平均數
＝Σ（下跌點數_i）／n

所以RSI亦可改寫成RSI＝100×AUn／（AUn＋ADn）

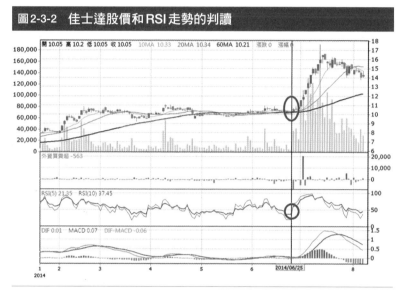

圖2-3-2　佳士達股價和RSI走勢的判讀

資料來源:CMoney理財寶「權證好好玩」

威廉指標

　　期貨界傳奇人物拉里・威廉斯(Larry Williams)發明的威
廉指標(Williams %R,或簡稱W%R),是一個振盪指標,由股
價的擺動點來衡量股價是否處於超買或超賣的狀況。它的數值介
於0至100%之間,判讀方式和KD值及RSI顛倒,威廉指標大於
80%為超賣區,股價已經下跌至可以買入的機會,而指標小於
20%為超買區,可能隨時要注意賣出訊號。

威廉指標計算公式

$$W\%R = \frac{H_n - C_n}{H_n - L_n} \times 100\%$$

【註】

1. n：交易者設定的交易期間（常用為14天）；
2. C_n：第n日的最新收盤價；
3. H_n：過去n日內的最高價（如14天的最高價）；
4. L_n：過去n日內的最低價（如14天的最低價）。

　　實務上，威廉指標很少單獨使用，因為威廉指標也有高檔鈍化或低檔鈍化的情況發生，通常搭配KD或MACD判讀。以群創說明（圖2-3-3），當股價下跌時，威廉指標會上揚，若是MACD的綠色柱狀體達到最長的時候，通常會是不錯的買點。而隨著股價的上漲，威廉指標開始鈍化，且數字趨近於零，但是股價仍持續上漲，當MACD出現最長的紅色柱狀體，可能就是短線出場的好時機。

乖離率（BIAS）

　　乖離率（BIAS）簡稱Y值，是指股價離移動平均線的距離，股價上漲越多、距離均線之上越遠，表示正乖離越高；反之，股價若下跌、離均線之下越遠，稱為負乖離過大。乖離度指

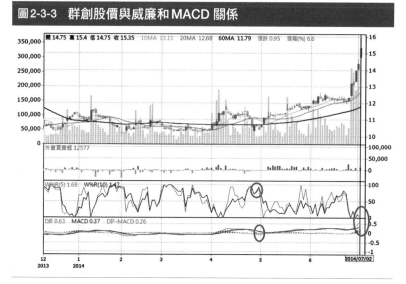

圖2-3-3　群創股價與威廉和MACD 關係

資料來源：CMoney理財寶「權證好好玩」

標是指當股價偏離過大時，股價大都會有物極必反，再回到均線的慣性。

　　若以20日均線（20MA）為判讀方式，以日盛金（圖2-3-4）說明當股價於20日均線之上，乖離度為正值，股價上漲越多、離均線越遠，正乖離度就越大，而股價破了20日均線（20MA），乖離度為負值，股價下跌越深，負乖離度越大。

　　乖離度的判讀和KD值或RSI等不太相同，無法用0至100的數字來推估。乖離度的高低和標的股性及相對的基期有關，當股價強勢或是極度弱勢，通常可接受的乖離度範圍較大。

乖離率計算公式

乖離率Y值＝（當日收市價－N日內移動平均收市價）／N日內移動平均收市價×100%（其中，N日為設立參數，可根據常用的移動平均線日數設立）

判斷買賣點進出的參考數字：

5日平均值乖離：–3%是買進時機，+3.5是賣出時機；

10日平均值乖離：–4.5%是買進時機，+5%是賣出時機；

20日平均值乖離：–7%是買進時機，+8%是賣出時機；

60日平均值乖離：–11%是買進時機，+11%是賣出時機；

圖2-3-4　日盛金股價和乖離度的關係

資料來源：CMoney理財寶「權證好好玩」

　　實務上的運用並不會單獨以乖離度（BIAS）來判斷，建議搭配K線來確定買賣點。以圖2-3-4說明，當股價下跌至8.14元，當日出現了十字線的變盤K線，同時負乖離度過大，隨後股價止跌打底並且逐漸站上20日均線，且呈現多頭走勢（10MA＞20MA＞60MA）。隨著股價的上漲，離20日均線（20MA）越遠，正乖離過高。K線出現上影線，因此股價可能會漲多回檔、修正乖離後再續攻，保守型的投資人可以等待股價回到均線支撐，且乖離度修正回來後再進場。

聚合和離散的移動平均線（MACD）

　　MACD（Moving Average Convergence Divergence）稱為「聚合和離散的移動平均線」，由投資顧問傑拉德‧阿佩爾（Gerald Appel）發明，它是由移動平均線衍生出的中長期的多空趨勢指標，但是無法用來判斷股價高低。該指標包含了DIF（快速線）、MACD（慢速線）及OSC（紅綠柱狀體）。

　　實務上的運用必須先區分MACD和DIF是在零軸上還是零軸下，位於零軸上，股價趨勢走多頭，零軸下，則股價趨勢走空頭。OSC紅柱零軸上表示股價上漲，而零軸下表示股價下跌；柱狀體的長短和漲跌勢的動能有正比關係，越長動能越強。

　　必須注意的是，當MACD和DIF位於零軸下，股價上漲而OSC紅柱增加，須視為反彈，而非續漲，而綠柱的出現代表

MACD計算方式

DIF（快速線）：單日的DIF，一般用12日均線（12MA）減去26日均線（26MA）求出。

DIF ＝ MA12 － MA26

MACD（慢速線）：9日DIF的平均值
OSC（紅綠柱狀體）：DEF ＝ DIF － MACD。
紅柱：零軸以上為正值。
綠柱：零軸以下為負值。

跌勢繼續。若MACD和DIF位於零軸上，OSC紅柱增加代表續漲，而綠柱代表漲多回檔整理。

　　通常MACD無法單獨使用來判斷進出場，但是可以提醒股價開始起漲或是起跌完成的期間，因為OSC柱狀體的形成是隨著股價的上漲，由紅柱短到長再縮短至綠柱的出現，股價就開始回檔。一般建議搭配其他指標或是K線來判斷進出場，例如：當KD值黃金交叉時，搭配MACD的紅色柱狀體增加，通常是不錯的進場點。

　　以友達說明MACD的運用（圖2-3-5），股價從22元跌到14元，均線呈空頭排列，MACD及DIF位於零軸以下，趨勢確定空頭無誤。OSC綠柱零軸以下柱狀體雖著股價的下跌而增加，當逐漸緩跌、綠柱同時縮短，代表跌勢動能降低，當KD出現黃金交叉且紅色柱狀體增加，代表空頭跌深反彈，當紅色柱狀體減少

圖2-3-5　友達空頭股價走勢及MACD和KD關係

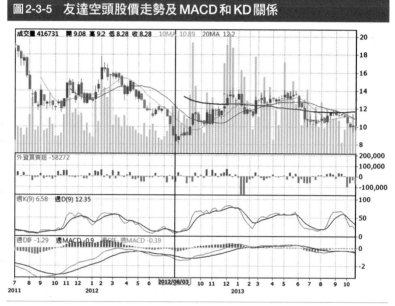

資料來源：CMoney理財寶「權證好好玩」

且綠柱零下出現，則代表跌勢再起。

　　再以華亞科說明MACD的運用（圖2-3-6），股價從25元上漲到35元，均線呈多頭排列，MACD及DIF位於零軸以上，趨勢確定多頭無誤。OSC紅柱零軸以上柱狀體隨著股價的上漲而增加，當漲多逐漸橫盤整理紅柱，同時縮短代表漲勢動能降低，當紅色柱狀體減少且綠柱零下出現，則代表股價漲多回檔。投資人可等待整理結束，KD出現黃金交叉且紅色柱狀體增加，代表多頭漲勢再起。

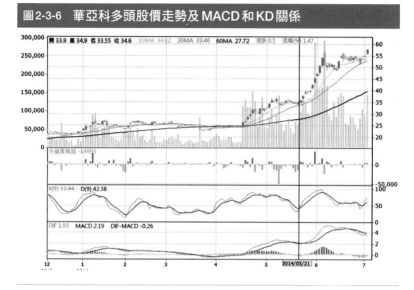

圖2-3-6　華亞科多頭股價走勢及 MACD 和 KD 關係

資料來源：CMoney 理財寶「權證好好玩」

布林通道（B-band）

　　布林通道是由美國證券分析師約翰・布林格（John Bollinger）所設計，運用統計學中標準差的理論，來判斷股價和標準差偏離多少？若是股價離標準的範圍外太多，股價可能回到正常範圍內的機率就會提高。

　　舉例來說，假設全班10個女生的平均身高為160公分，最高有一位是170公分，而最矮的一位是155公分。假設你不小心進了別間教室，遇到了178公分的女生，這樣就可以推估這女生應

該是別班的同學。換言之，如果你遇到了153公分的女生，就會發現錯誤，立刻走出這間教室回到自己的班級中。將這個範例套用在B-band，它利用平均股價的波動算出正負2個標準差的範圍，而畫出上下範圍的曲線，股價約有95%的機率會在這個區間遊走，當股價上漲或下跌超過這個區間，就隨時可能往相反的方向走。

以友達股價走勢解釋股價和B-band關係（圖2-3-7），股價上漲超過B-band正2個標準差的曲線後，大都回檔修正，下跌至B-band負2個標準差的曲線後，也都反彈。

圖2-3-7　友達股價走勢和B-band的關係

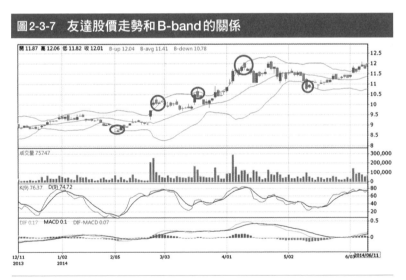

資料來源：CMoney理財寶「權證好好玩」

　　B-band的寬度大小和各股的股性有差異，股性越活潑，
B-band數字越寬，股性越冷、波動越小，B-band數字也越窄。
此外，股價盤整期，波動變小，當然B-band較窄，當股價突
破向上或向下表態，波動加大後，B-band擴大。因此，使用
B-band指標要注意兩個型態，一種是盤整，盤整包括底部盤
整、頭部盤整及趨勢行徑間的盤整；一種是突破盤整，往上漲或
往下跌。

　　以葡萄王股價走勢說明（圖2-3-8），股價自150元跌至130
元後橫向盤整，股價波動變小，因此算出來的標準差當然較小，
B-band變得較窄。實務操作上，建議可以搭配其他指標使用，

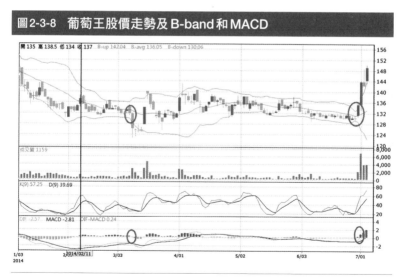

圖2-3-8　葡萄王股價走勢及 B-band 和 MACD

資料來源：CMoney理財寶「權證好好玩」

例如K線及MACD，這樣組合使用的勝率就會大大提高。圖2-3-8下跌盤整後帶量長K續跌，且MACD零軸下綠柱出現，當股價大跌碰觸B-band負2個標準差的價位時候，就容易反彈。

至於反彈後，如何判斷會在B-band平均中間線上區或下區移動呢？同樣可以參考MACD的柱狀體（OSC），如果柱狀體為正值，股價通常會在上區移動，反之柱狀體為負值，股價通常會在下區移動。圖2-3-8股價在128元到140元區間盤整達近四個月後，B-band持續縮窄，之後紅K帶量表態且MACD的柱狀體為正值，因此股價持續往上漲。（補充說明：前文提及MACD的柱狀體〔OSC〕一出現後，基本上會由短至長的增加後，再逐漸縮短至綠柱出現或是紅柱再增加，這個指標會是一個時間趨勢循序漸進的變化，而不會像K線可能一天紅K、一天黑K這樣難以預估，因此對投資人而言，是相當好的趨勢參考指標。）

當股價突破整理區向上漲或下跌表態走勢後，投資人想知道當漲勢或跌勢滿足進入盤整區前，最佳停利出場期為何時？以威強電（圖2-3-9）為例，股價自35元左右股價上揚，MACD的柱狀體（OSC）為正值，B-band開始擴張，這檔標的股性活潑，沿著正2個標準差的B-band強勢上漲，且MACD的柱狀體（OSC）持續增加，投資人可以搭配當柱狀體（OSC）開始減少且KD值出現高檔死亡交叉時，可以考慮逐步停利出場。

當股價進入盤整期時，波動自然變小，B-band逐漸縮窄，股價自65元開始出現黑K帶量下跌，MACD的柱狀體（OSC）

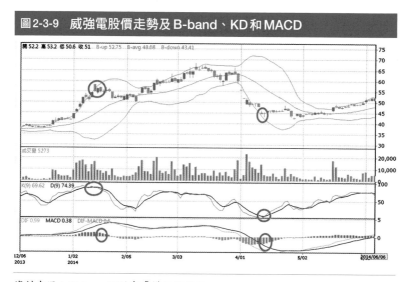

圖2-3-9 威強電股價走勢及B-band、KD和MACD

資料來源：CMoney理財寶「權證好好玩」

為負值且逐漸增加，波段跌勢至KD值出現黃金交叉，及MACD
的柱狀體（OSC）為負值開始減少時，放空操作的投資人可以考
慮停利，等待下一次盤整通道窄縮後的擴大表態。

2-4

長期、中期及短線操作運用

　　雖然市場常說主力籌碼內線最大，但是對於資訊不對稱的散戶而言，技術分析是最基本的保命功夫。無論標的是否被主力認養，或是大股東暗藏基本面好康，所有作手的目的都是希望買低賣高，因此股價的走勢一定會多空表態、趨勢清楚，主力才能從中獲利。投資人利用前面章節內所說明的各項指標，搭配綜合運用，就能掌握合宜的買賣進出點。

　　技術指標都是從股票的成交價和成交量運算出來的結果，如果是投資老手，大都只看股價走勢和成交量的即時盤中變化，就能來去自如輕鬆進出。然而對新手而言，可能無法掌握其中的變化，因此搭配其他的指標觀察會比較順手。本書技術指標介紹化繁為簡，且掌握轉折點的實務運用，投資人可以依據自己的使用便利性，選擇需要的指標參考，通常會見以搭配2至3個指標運用較為客觀，例如：K線搭配KD值或MACD，或是B-band搭配KD和MACD等，本節內容將教導投資人如何綜合運用這些指標。

判斷趨勢多空，順勢操作

　　首先，投資人應先決定操作週期為長期、中期或是短期，一般而言，長期看月K線指標，中期則看週K指標，短期操作則是看日K指標。然後再將前文所教的指標運用其中，第一步驟先判斷趨勢多空，因為投資最忌諱逆勢操作，順勢而為才是獲利的基本原則。判斷趨勢多空的指標可以運用均線、價量關係和MACD來區分。

　　均線多頭或空頭的排列決定了多空的趨勢外，也可以提供進場的機會點，多頭走勢均線排列應該為5MA ＞ 10MA ＞ 20MA，MACD在零軸上，價量要同步（股價上漲成交量擴大，股價下跌成交量縮小，如果股價上漲、成交量縮小，或是股價下跌、成交量沒有縮小，稱為「價量背離」，股價隨時都可能趨勢由多轉空反轉，投資人最好避開這樣的價量關係）。空頭走勢時均線排列則是5MA ＜ 10MA ＜ 20MA，MACD在零軸以下，偏空操作。

　　選好標的、掌握好趨勢多空順勢操作，投資人就贏了一半了，作多（空）則選多（空）頭走勢，接下來必須等待合適的買（賣）點，進出點可以運用葛蘭碧八大法則的買賣參考點，及趨勢線的支撐點，再搭配指標相對的低檔黃金交叉或高檔死亡交叉的轉折點，就能決定操作的時機點。

　　決定多方買入或是空方的放空進場點，根據波浪理論上升的初升段、主升段及末升段，或是下跌a、b及c波，觀察轉折K線

表2-4-1　技術分析指標實務運用準則

判斷多空	1. 均線排列 　　多頭走勢：5MA>10MA>20MA 　　空頭走勢：5MA<10MA<20MA 2. MACD 　　多頭走勢：零軸上；空頭走勢：零軸下 3. 價量關係：多頭走勢價量同步
進出場指標	1. 趨勢線：上升趨勢線，下降趨勢線 2. 均線集結：葛蘭碧八大法則 3. 指標低檔：KD、RSI、威廉——黃金交叉及死亡交叉
漲跌幅滿足	1. 波段滿足：K線（長紅長黑，長上、下影線，十字線） 2. 轉折變盤：K線型態、指標背離

的變化，並搭配均線壓力或支撐的價位及指標的運用，可以掌握住波段的滿足點。但是趨勢轉折點則需要出現指標背離之後，搭配頭部（底部）型態形成，並且股價跌破（站上）上升（下降）趨勢線，才能判斷真正的趨勢轉折。

案例一：友達

　　以上的技術分析指標操作的準則，皆可以用於長期、中期或是短期的操作週期及趨勢判斷。基本上，台股的操作週期較短，所以建議看週線和日線。

在多空週期操作策略表（表2-4-2）中分為四個狀況：第一狀況，當週線和日線均呈現多頭走勢，代表行情中期和短期都處於多頭，投資人宜多不宜空，但是要注意多頭末升段時候的轉折點。

表2-4-2　多空週期操作策略

週線	日線	趨勢	操作策略	注意
多頭	多頭	中多＋短多	持續作多	末升段轉折
多頭	空頭	中多＋短空	回檔加碼續作多	週線支撐價
空頭	多頭	中空＋短多	反彈至壓力多單減碼，續作空	週線壓力價
空頭	空頭	中空＋短空	持續作空	c波反轉

第二週線多頭走勢，但是日線空頭排列，股價回檔到支撐點，可以持續加碼作多。

第三週線空頭，但是日線多頭，股價上漲視為反彈，注意週線的空頭壓力線，適時停利。

第四狀況週線空頭且日線空頭，趨勢中空短空，只要反彈就是作空，但是要注意波浪理論中下降a、b及c波完成後的轉折風險。

以友達為範例（圖2-4-1）直接說明以上狀況，2013年6月至2013年12月，週線排列為20MA ＞ 10MA中期空頭走勢，且圖2-4-2的短期日線也呈空頭排列（20MA ＞ 10MA），MACD皆

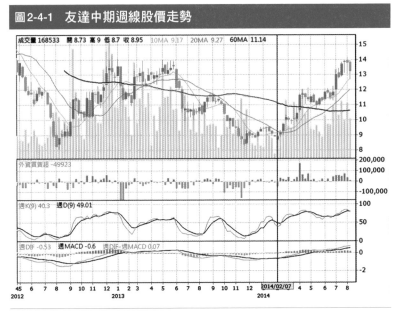

圖2-4-1　友達中期週線股價走勢

資料來源：CMoney理財寶「權證好好玩」

在零軸下偏空。在中空短空的趨勢中，股價自14元下跌至10元
左右，進行b波反彈至20日均線壓力12元，此時雖然圖2-4-2
短期日線呈現多頭排列（10MA＞20MA），但是中期週線（圖
2-4-1）仍為空頭走勢，因此反彈到壓力價格，建議賣出反手
放空，當完成中期週線（圖2-4-1）c波下跌，並且突破中期下
降趨勢線趨勢反轉，股價於9元到10元持續三個月的底後，突
破10元站上20週均線，且10週均線大於20週均線（10MA＞
20MA），呈現中期多頭走勢。

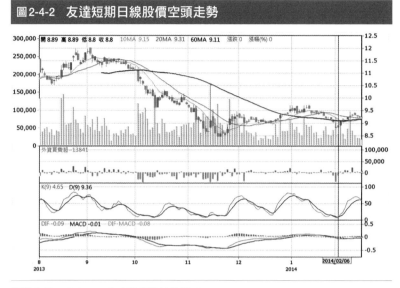

圖2-4-2　友達短期日線股價空頭走勢

資料來源：CMoney理財寶「權證好好玩」

　　2014年3月起，友達股價中期週線多頭排列，且圖2-4-3的短期日線也開始呈現多頭排列（10MA＞20MA），趨勢由空轉成中多短多，投資人順勢操作宜多不宜空。股價由10元漲到12元後進行橫向整理近三個月，中期10週線持續支撐，雖然2014年5月曾經跌破20日均線，短期呈現空頭排列（20MA＞10MA），但是趨勢仍為中多短空而已，因此季線發揮了支撐，整理期間週MACD站上零軸，持續中多的格局，投資人可以拉回找買點進場。

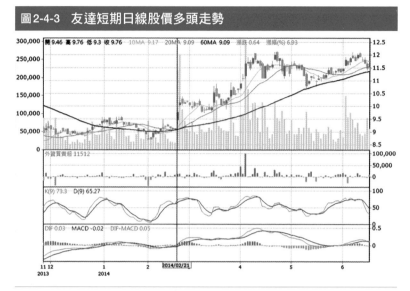

圖2-4-3　友達短期日線股價多頭走勢

資料來源：CMoney理財寶「權證好好玩」

案例二：英業達

　　為了更簡化技術分析的運用，下文將本章提及的技術分析指標做成摘要綜合判斷表格，協助投資人了解。

　　多頭走勢以標的英業達週線為範例（圖2-4-4），股價在2013年5月至2014年5月持續中期走多，均線排列為10週線＞20週線（10MA＞20MA），MACD零軸上的多頭趨勢，股價維持在10週線（10MA）上，搭配2013年5月KD黃金交叉股價起

漲，因此在股價尚未跌破20週線（20MA），皆持續看多。

　　需要注意的是，2014年3月股價創新高，KD和MACD並未創前高，此現象稱之「背離」，為趨勢轉折的參考指標。

　　未來的走勢在於，如果標的股價無法站上20週均線（20MA），下一個支撐價位則為60週均線（60MA），若股價持續下跌且MACD零軸下，中期空頭趨勢就已確定，投資人需順勢操作。

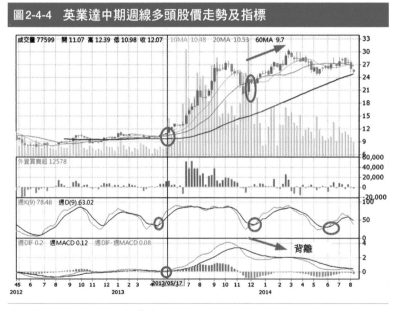

圖2-4-4　英業達中期週線多頭股價走勢及指標

資料來源：CMoney理財寶「權證好好玩」

表2-4-3　英業達技術分析指標摘要綜合判斷表

期間	2013年5月至2013年11月	2014年1月至2014年7月
區分多空頭趨勢	多頭走勢	多頭走勢
均線排列	10週MA > 20週MA	10週MA > 20週MA（但是2014年5月股價跌破20週MA）
MACD	零軸上	MACD零軸上（但是出現背離）
價量關係	價漲量增	價漲量縮（小心趨勢轉折）
劃出趨勢線	2013年11月股價跌破上升趨勢線，股價回檔	2014年5月股價跌破上升趨勢線
均線支撐壓力	10週MA支撐	2014年5月股價跌破20週MA
KD	2013年5月黃金交叉，股價起漲	2014年3月死亡交叉，股價下跌
未來走勢預估	股價 > 20週均線（20MA），則持續看多	股價跌破20週均線（20MA），注意趨勢轉折，下一個價格支撐為60週均線（60MA）

案例三：宏達電

　　空頭走勢以標的宏達電週線為範例（圖2-4-5），股價在2011年5月至2013年10月持續中期走空，均線排列為10週線小於20週線（10MA < 20MA），MACD零軸下的空頭趨勢，股價維持在20週線（20MA）下，搭配2012年4月KD死亡交叉股價

續跌，因此在股價尚未突破20週線（20MA），皆持續看空。需要注意的是，2013年9月股價創新低，KD和MACD並未創前低，此現象稱之背離，為趨勢轉折的參考指標。未來的走勢在於，如果標的股價站上10週均線（10MA），下一個壓力價位則為20週均線（20MA），若股價反彈但是MACD仍在零軸下，中期空頭趨勢尚未擺脫，投資人需小心操作。

　　以上範例以中期週線為例，但是對於短線操作的投資人，可以將同樣的評估方式和操作策略運用在短期的投資。主要差別是

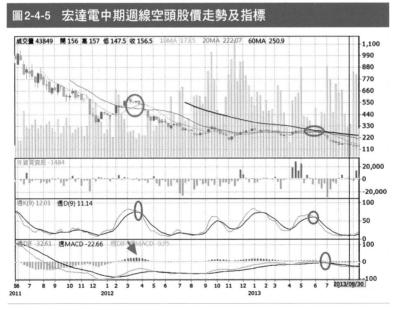

圖2-4-5　宏達電中期週線空頭股價走勢及指標

資料來源：CMoney理財寶「權證好好玩」

表2-4-4　宏達電技術分析指標摘要綜合判斷表		
	2011年5月至 2012年9月	2012年10月至 2013年10月
區分多空頭趨勢	空頭走勢	空頭走勢
均線排列	20週MA > 10週MA	20週MA > 10週MA
MACD	零軸下	零軸下
價量關係	價跌量增	價跌量增
劃出趨勢線	2012年2月突破下降趨 勢線，股價反彈	空頭走勢
均線支撐壓力	20週MA	20週MA
KD	2012年4月死亡交叉， 股價續跌	2013年6月死亡交叉，股價續跌
未來走勢預估	股價反彈至20週均線 （20MA），停利作空	MACD持續零軸下，股價反彈至 20週均線（20MA），停利作空

使用的週期K線不同，一般投資週期一至三個月內，可以參考日線，如果是一星期內則須觀察30分K線週期，而當沖的投資人則可能需要看到5分K線週線，判斷方式大同小異。

案例四：矽品

　　短期多頭走勢以標的矽品日線為範例（圖2-4-6），股價在2014年1月1日至2014年7月持續短期走多，均線排列為10日線

大於20日線（10MA ＞ 20MA），MACD零軸上的多頭趨勢，股價維持在20日線（20MA）上，搭配2014年2月10日KD黃金交叉股價續漲，因此在股價尚未跌破20日線（20MA），皆持續看多。

需要注意的是，2014年7月後股價創新高，KD和MACD並是否創前高，若產生背離則為趨勢轉折的參考指標。未來的走勢在於，如果標的股價跌破20日均線（20MA），下一個支撐價位則為60日均線（60MA），若股價持續下跌且MACD零軸下，短期空頭趨勢就已確定，投資人需順勢操作。

圖2-4-6　矽品短期日線多頭股價走勢及指標

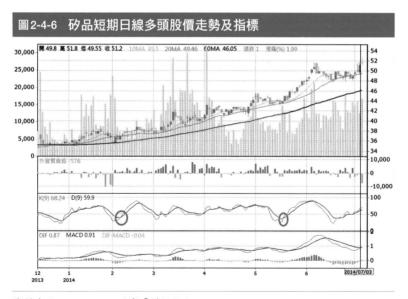

資料來源：CMoney理財寶「權證好好玩」

表2-4-5　矽品技術分析指標摘要綜合判斷表

期間	2014年1月1日至 2014年6月6日	2014年6月6日至 2014年7月
區分多空頭趨勢	多頭走勢	多頭走勢
均線排列	10日MA＞20日MA	10日MA＞20日MA（但是2014年6月13日股價跌破10日MA）
MACD	零軸上	MACD零軸上
價量關係	價漲量增	價漲量縮（小心趨勢轉折）
劃出趨勢線	2014年6月股價未跌破上升趨勢線，股價回到支撐皆可加碼	2014年6月20日股價跌破上升趨勢線
均線支撐壓力	20日MA支撐	股價尚未跌破20日MA支撐
KD	2014年2月10日黃金交叉，股價上漲	2014年6月9日死亡交叉，股價下跌
未來走勢預估	股價大於20日均線（20MA），則持續看多	股價跌破20日均線（20MA），注意是否有背離出現而趨勢轉折的風險，如果回檔，下一個價格支撐為60日均線（60MA）

案例五：正新

　　短期空頭走勢以標的正新日線為範例（圖2-4-7），股價在2014年4月至2014年7月持續短期走空，均線排列為10日線小於20日線（10MA＜20MA），MACD零軸下的空頭趨勢，股價

維持在20日線（20MA）下，搭配2014年4月下旬KD死亡交叉
股價續跌，因此在股價尚未突破20日線（20MA），皆持續看
空。需要注意的是，2014年7月股價創新低，KD和MACD並未
創前低，此現象稱之背離，為趨勢轉折的參考指標。未來的走
勢在於，如果標的股價若站上10日均線（10MA），下一個壓力
價位則為20日均線（20MA），若股價反彈但是MACD仍在零軸
下，短期空頭趨勢尚未擺脫，投資人需小心操作。

圖2-4-7　正新短期日線空頭股價走勢及指標

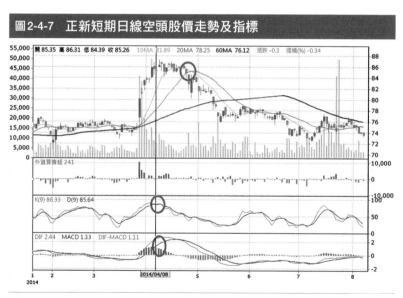

資料來源：CMoney理財寶「權證好好玩」

表2-4-6　正新技術分析指標摘要綜合判斷表

	2014年4月30日至 2014年5月30日	2014年6月1日至 2014年7月
區分多空頭趨勢	空頭走勢	空頭走勢
均線排列	20日MA > 10日MA	20日MA > 10日MA
MACD	零軸下	零軸下
價量關係	價跌量增	價跌量增
劃出趨勢線	2014年4月下旬跌破上升趨勢線,股價走空	反彈為突破下降趨勢線
均線支撐壓力	20日MA	20日MA
KD	2014年4月9日死亡交叉,股價續跌	2014年6月10日死亡交叉,股價續跌
未來走勢預估	股價反彈至20日均線(20MA),停利作空	MACD持續零軸下,股價反彈至20日均線(20MA),停利作空,注意指標背離趨勢反轉訊號

自行選擇2至3個指標判讀,提高投資勝率

　　本章節討論的技術分析指標包括判讀多空趨勢的波浪理論、趨勢線及均線,轉折判斷的K線、型態及背離,還有常用指標KD、RSI、威廉、乖離、MACD及B-band,但是範例僅取其中幾個常用的指標說明,建議投資人可以自行選擇適用的指標2至3個綜合判讀,這樣較能提高判讀的能力及勝率。同時觀察趨勢

轉折的主要變化，例如KD的黃金交叉及死亡交叉，MACD的柱狀體（OSC）由負轉正或是由正轉負，這都是趨勢轉折的提示。此外，多頭走勢股價回檔到均線支撐，或是空頭走勢反彈至壓力點，也都是重要的加碼或停利點。

　　以伍豐為範例（圖2-4-8），股價均線搭配KD黃金及死亡交叉，觀察MACD的柱狀體（OSC）的正負值的轉變點，就能提高進出場的準確度。圖2-4-8於2014年2月12日標的股價上漲、收紅K站上均線，KD黃金交叉且MACD的柱狀體（OSC）翻正值，投資人就可以考慮進場作多；之後柱狀體持續增加，股價亦持續走高。

圖2-4-8　伍豐日線股價均線搭配KD及MACD技術指標運用

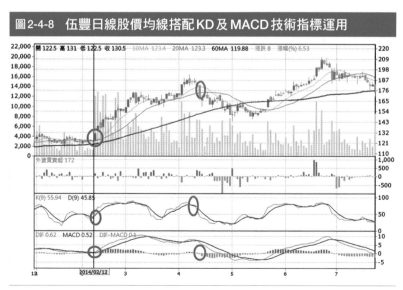

資料來源：CMoney理財寶「權證好好玩」

　　2014年4月18日KD指標出現死亡交叉後，股價線跌破10日均線（10MA）之後，黑K帶量跌破20日均線（20MA），暗示股價可能修正一個月，投資人可先停利觀望，且MACD的柱狀體（OSC）由正轉負值，不過中期週線均線排列呈現多頭（圖2-4-9），因此股價回檔到20週均線（20MA）支撐價位後，日線中的MACD柱狀體（OSC）紅柱往上，KD再次黃金交叉（圖2-4-8）且股價站上20日均線（20MA），均線亦呈多頭排列（10MA＞20MA），股價繼續上揚。不過，至7月中旬，週線指標出現背離，股價跌破20週均線，作多的投資人需注意是否趨

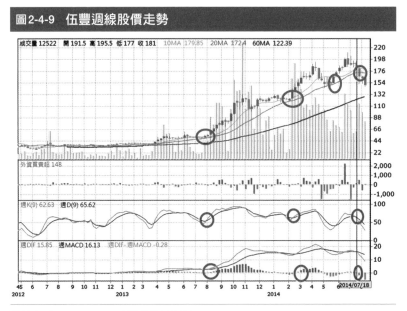

圖2-4-9　伍豐週線股價走勢

資料來源：CMoney理財寶「權證好好玩」

勢有轉折之虞。

　　除了股價均線搭配KD及MACD技術指標運用外，也可以選其他的指標使用，進出轉折前文已經仔細分析，投資人靈活運用就能提高投資的勝率。

外匯、黃金或基金商品，技術分析一點通

　　對於沒有電話線的投資人而言，善用技術分析的專業是最即時的保命符，同樣的分析也可以運用在不同的金融商品中，例如外匯、黃金、原油、原物料等投資，甚至大部人都喜歡定期定額扣款的基金。

　　分析方法和股票投資一樣，因為大都是中長期的投資，建議選週線為分析的週期，以黃金週線價格為例（圖2-4-10），在2013年1月時候MACD破零軸，趨勢正式走空的時候，2012年10月週KD值已經死亡交叉，黃金投資人應該趁反彈逃命波，先行減碼。較安全的進場點，可能須等到2013年12月週MACD出現背離，且KD值出現黃金交叉；但是MACD仍在零軸下，因此價格上漲後的壓力區要尊重。

　　此外，對定期定額投資基金的中長期投資者，則可以運用技術指標分析計畫投資的國家大盤指數。以上證指數為範例（圖2-4-11），2013年2月週K線帶量長黑，KD死亡交叉且隨後指數破了中期上升趨勢線，即使指數反彈，仍受下降趨勢線壓力而續

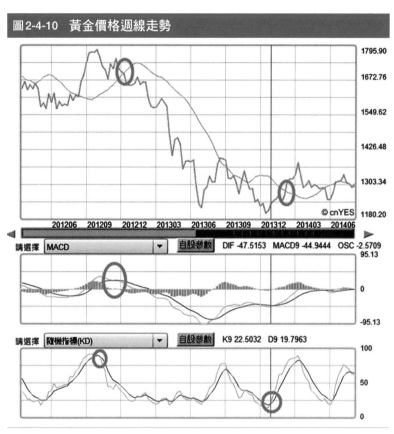

圖2-4-10　黃金價格週線走勢

資料來源：鉅亨網

跌。2013年6月MACD跌至零軸下，中期趨勢確定走空，投資
基金可以等到週MACD或指標出現低檔背離，再考慮定期定額
進場。

　　以上詳細解說如何運用技術指標於各類金融投資商品的方

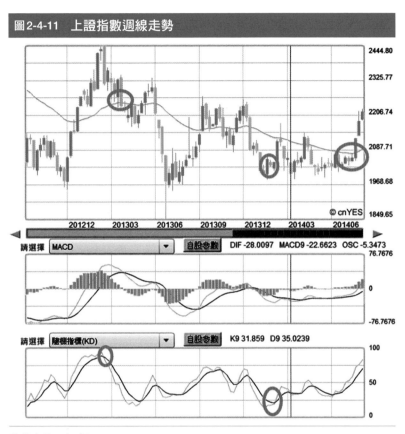

圖2-4-11 上證指數週線走勢

資料來源：鉅亨網

法，但是技術指標畢竟是統計學，遵循機率的發生頻率是可以趨吉避凶，若是遇到金融風暴或是標的個股的主力干擾，則可能讓技術分析鈍化，因此在下一章，將就籌碼及總經面投資分析詳細解說。

第三章

洞悉籌碼，贏家法則

　　投資市場中有句俗話說得好：「新手看價，老手看量，高手看籌碼」，以基亞財務資料（圖1）為例，新手只會看到股價從200多元翻倍漲到400多元，不管風險追高買進；老手則會發現股價雖漲但是成交量開始下降，價量背離的轉折風險可能須注意；而高手呢？更發現到主力分點的累計買賣超似乎有不尋常的現象，搭配技術面的訊號，提早決定操作策略。

　　籌碼真的很重要，特別在台股成交量日漸萎縮，上市櫃公司家數卻創新高，很多標的因為沒有籌碼的加持，股價永遠無法有所表現。反觀，如果三大法人主力的加持，甚至基本面尚無起色，股價仍舊漲勢凌厲。

　　以圖1近年生技題材指標股之一基亞為例，股價自2011年20幾元上市後，觀察它的財報數字，除了2012年第四季稅後利益率暴衝外，其餘年度的營業利益及稅後利益率皆為負值，但是

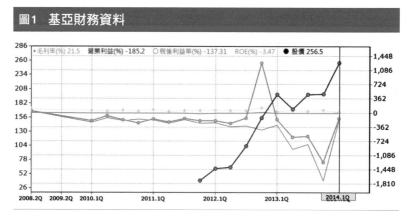

圖1　基亞財務資料

資料來源：CMoney理財寶「權證好好玩」

股價至2014年7月大漲近20倍（圖2）。

　　分析股價大漲的原因，除了具備生技題材，因此有較高的本夢比外，股本小、籌碼安定並且主力持續加持，雖然在2013年11月主力分點賣超（圖3），股價由220元回檔至180元，隨後又持續買進，股價回升並且續漲至最高點486元（圖2）。

　　但是2014年5月至2014年7月期間，主力分點累計買賣超降低，是否主力在股價相對高檔落跑，值得後續的觀察追蹤。

　　主力的想法當然不是我們這些市井小民所能掌控的，不過散戶可以利用前文的技術分析來保護自己的投資，例如當股價跌破

圖2　2013年12月至2014年7月基亞股價走勢及分點主力進出表

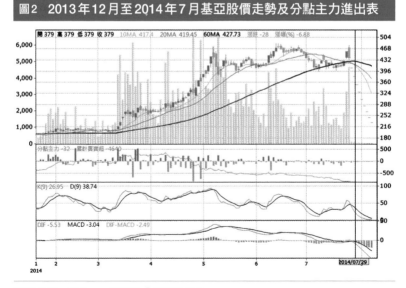

資料來源：CMoney理財寶「權證好好玩」

資料來源：CMoney理財寶「權證好好玩」

月線後，作多的投資人先放假一個月，跌破季線就休息一季，等待下次的多頭走勢再參與。

　　本章的第三招將針對籌碼面深入剖析，包括對於三大法人（外資、投信及自營商）的選股邏輯及進出操作手法，做詳細的介紹。此外，對於如何發現主力認養的標的及參考的資料（例如融資融券的變化），也提供散戶最好的跟單時機。

　　最後，將定期的「籌碼提款機行情」，例如董監事改選、庫藏股實施、增資減資行情、股東會及除權息融券回補等守株待兔的籌碼好戲，一一介紹。

3-1

剖析三大法人操作慣性

　　根據統計，股票投資市場贏家與輸家的比例為2:8，其中除了極少數的散戶外，最大的贏家應該是三大法人和主力（三大法人包括外資、投信和自營商）。這些20%的贏家，贏得了市場80%人的錢，且左右了股市的動態，他們如何制定操作策略、如何選股、進出依據，絕對是我們必須懂的遊戲規則。

　　一般而言，以週期長短來區分，外資的操作為中長期的布局，因此比較重視基本面，除非標的公司本身的基本面有很大的轉變或是總體經濟面的轉折，原則上是不會輕易地反向操作。而投信呢？基金是來自於投資人的募集，為了追逐績效的表現來達到投資人的青睞，除了基本面的考量，通常喜歡鎖定籌碼面利基做中期操作。而自營商的資金來源是券商老闆的錢，面臨每天要賺錢的壓力，操作慣性則是技術面為主的短線；投資新手要懂得區分以上法人特性。

　　投資人可以利用券商的免費看盤軟體或財經網站，得知當天

三大法人的買賣超標排名，搭配上一章技術分析所學習的指標判斷，就可以輕鬆找尋到合適投資的標的。某些進階的智慧型選股系統，甚至已設定好技術指標的參數，能自動判斷多空趨勢（圖3-1-1）。

　　除了每天觀察三大法人的買賣超標的，也要注意法人持續買賣超的時間週期，例如，股價在低檔時候的連續買進和股價高檔的連續賣出，都可能暗喻著標的股價的多空轉折點機會。下文將從外資、投信及自營商不同的投資策略及操作的特性，以範例詳細說明。

圖3-1-1　三大法人買賣超智慧選股軟體

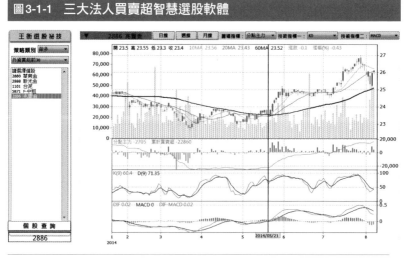

資料來源：CMoney理財寶「權證好好玩」

外資——偏愛權值股，掌握大盤漲跌

　　三大法人中的外資投資部位算是台股中舉足輕重的腳色，甚至許多權值股的外資投資比例相當高，例如台積電的外資投資比例就超過70%；除了看好台積電的產業競爭力及成長動能外，因為持有部位高，外資也同時運用台積電的進出來控制大盤漲跌。基本上，若該標的已經被外資持有比例超過50%，通常股價也都大漲一段，投資人若於此時介入，較無超額利潤可賺取。如果外資剛剛開始買進，且技術分析在低基期，未來的漲勢可期。

　　以華南金為例（圖3-1-2），股價經過近半年的整理後，均

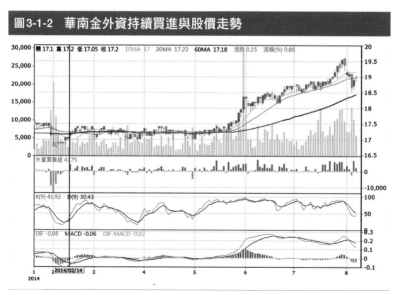

圖3-1-2　華南金外資持續買進與股價走勢

資料來源：CMoney理財寶「權證好好玩」

線集結，而這段時間外資持續買超並在5月底加碼買超，股價突破均線呈多頭走勢，MACD在零軸上，並自17元漲到19.6元，漲幅高達15%。相反地，如果外資在標的股價高檔時候持續賣出，反轉訊息就可能確定。以茂迪為例（圖3-1-3），股價上漲至60元左右，外資轉買為賣且持續賣出，造成股價大跌至36元，跌幅高達40%。

圖3-1-3　茂迪外資持續賣超與股價走勢

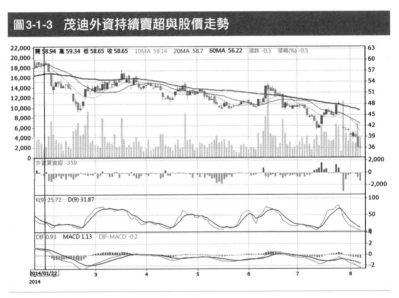

資料來源：CMoney理財寶「權證好好玩」

買賣標準較嚴格，投資人可跟著順勢操作

　　基本上，外資選擇標的的標準較為嚴謹，通常著重在產業基本面的分析，決定買進和賣出的標準較嚴格，並且執行的週期較長，因此趨勢的延伸期也較長，有助於投資人順勢操作。不過由於買進的週期較長，持有平均成本較低，有時候會發現外資在標的股價高檔仍舊持續買入。

　　相同地，外資也常在股價已經大跌至低檔區時，卻仍然持續賣出，以F-TPK為例（圖3-1-4），股價自最高點597元大跌至低

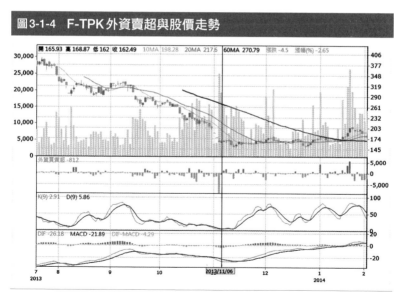

圖3-1-4　F-TPK外資賣超與股價走勢

資料來源：CMoney理財寶「權證好好玩」

點150元，外資仍然是持續賣出，因此建議投資人搭配技術分析的專業，輔助判斷是否需要跟隨外資的腳步。最簡單的方法是以均線排列或是以股價跌破（站上）月線，判斷多空趨勢的改變，以圖3-1-4為例，股價於12月已經站上月線，即使外資仍賣超，放空的投資人最好觀望。

須判斷是否藉發布利多，釋出持股

台灣股市中，外資是主要的法人投資人之一，除了實質買進與賣出，亦常常利用媒體發布其專業的投資建議報告，左右標的股價的走勢。某些禿鷹基金更預先放空設定的標的後，再發布該標的不利的新聞，導致股價大跌而從中牟利。

根據觀察，外資長期低檔布局並鎖定籌碼，當股價推升到一定的高點後，通常會利用發布利多消息或是調高目標價，吸引散戶搶進，將手中的籌碼釋出。

以大立光為例，2014年7月7日外資將大立光調高目標價至3,200元（圖3-1-5），此利多消息促使股價持續上漲至2014年7月16日的2,640元後下跌。因此，建議投資人注意，當外資在標的股價高檔的時候，若發布調高目標價利多的消息，但是外資買超並沒有持續的增加，此時就該注意是否藉利多消息的公告，趁機拉高出貨。特別是股價不漲反跌並跌破月線（圖3-1-6）時，投資人就該謹慎操作，不宜盲目追高。

圖3-1-5　關於外資報告的新聞

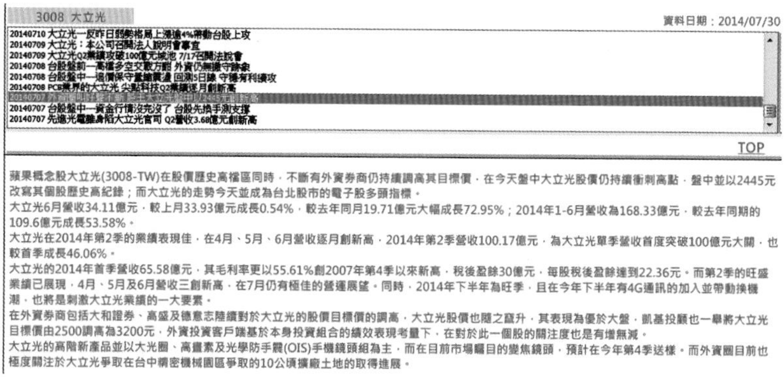

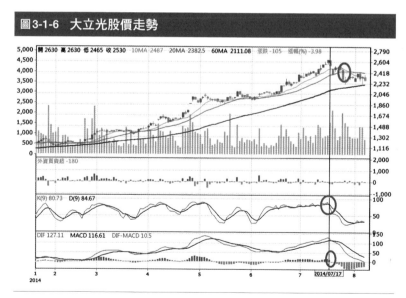

3008 大立光　　資料日期：2014/07/30

20140710 大立光一反昨日弱勢將局上漲逾4%帶動台股上攻
20140709 大立光：本公司召開法人說明會事宜
20140709 大立光Q2業績攻破100億元城池 7/17召開法說會
20140708 台股盤前一高檔多空交戰方酣 外資仍無據守跡象
20140708 台股盤中一追價保守量縮震盪 回測5日線 守穩有利續攻
20140708 PCB業界的大立光 尖點科技Q2業績逐月創新高
20140707 [illegible]大立光盤中以2445元創新高
20140707 台股盤中一資金行情沒完沒了 台股先換手測支撐
20140707 先進光電雖身陷大立光官司 Q2營收3.68億元創新高

TOP

蘋果概念股大立光(3008-TW)在股價歷史高檔區同時，不斷有外資券商仍持續調高其目標價，在今天盤中大立光股價仍持續衝刺高點，盤中並以2445元改寫其個股歷史高紀錄；而大立光的走勢今天並成為台北股市的電子股多頭指標。

大立光6月營收34.11億元，較上月33.93億元成長0.54%，較去年同月19.71億元大幅成長72.95%；2014年1-6月營收為168.33億元，較去年同期的109.6億元成長53.58%。

大立光在2014年第2季的業績表現佳，在4月、5月、6月營收逐月創新高，2014年第2季營收100.17億元，為大立光單季營收首度突破100億元大關，也較首季成長46.06%。

大立光的2014年首季營收65.58億元，其毛利率更以55.61%創2007年第4季以來新高，稅後盈餘30億元，每股稅後盈餘達到22.36元。而第2季的旺盛業績已展現，4月、5月及6月營收三創新高，在7月仍有極佳的營運展望。同時，2014年下半年為旺季，且在今年下半年有4G通訊的加入並帶動換機潮，也將是刺激大立光業績的一大要素。

在外資券商包括大和證券、高盛及德意志陸續對於大立光的股價目標價的調高，大立光股價也隨之竄升，其表現為優於大盤，凱基投顧也一舉將大立光目標價由2500調高為3200元，外資投資客戶端基於本身投資組合的績效表現考量下，在對於此一個股的關注度也是有增無減。

大立光的高階新產品並以大光圈、高畫素及光學防手震(OIS)手機鏡頭組為主，而在目前市場矚目的變焦鏡頭，預計在今年第4季送樣。而外資圈目前也極度關注於大立光爭取在台中精密機械園區爭取的10公頃擴廠土地的取得進展。

資料來源：CMoney理財寶「權證好好玩」

圖3-1-6　大立光股價走勢

資料來源：CMoney理財寶「權證好好玩」

投信──偏愛股本小、籌碼安定的標的

　　三大法人中的投信，由於資金沒有外資的雄厚，加上績效壓力的考量下，對於標的的選擇上，比較喜好股本小及籌碼安定的標的，搭配利基型的基本面題材。通常被投信鎖定的標的股價，皆有亮麗的表現。

　　投資人可以每天注意投信買賣超的資訊，並且觀察連續買進或賣出多天的標的股價基期高低，假設投信連續買超的時候，標的股價為低基期，未來的上漲機會較大。反之，連續賣超的時候，標的股價也同步跌破月線，就表示未來下跌的機率提高。

　　此外，藉由觀察各大基金的持股明細，也可以發現潛力的標的（圖3-1-7）。

圖3-1-7　基金持股比例及明細

排名	股票名稱	行業類別	本益比	比例%
	前十大持股			
1	力旺	科技	78.74	8.61%
2	大立光	科技	30.12	8.45%
3	華亞科	科技	9.68	4.62%
4	可成	科技	16.69	4.09%
5	美律	科技	24.75	3.95%
6	F-永冠	工業	21.60	3.10%
7	智擎	健康護理	-	2.87%
8	中磊	科技	20.49	2.35%
9	美時製藥	健康護理	-	2.18%
10	聯鈞	科技	17.92	2.15%

資料來源：鉅亨網

　　要注意的是，由於投信以績效為主，為吸引基金投資人的目光，因此於每年3、6、9、12月都會有傳統的作帳行情，從挑選標的進場買入，至作帳日獲利賣出，投資週期大約3至6個月左右，較外資來的短。

　　以億光為例（圖3-1-8），投信持續買超，股價從50元漲至80元後，轉買為賣，股價跌破月線和季線後，整理3個月。

圖3-1-8　億光股價走勢

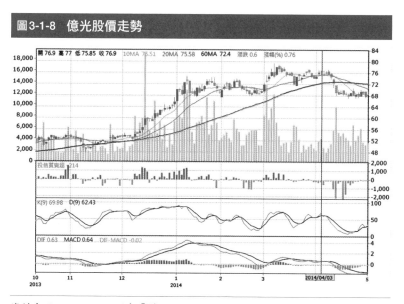

資料來源：CMoney理財寶「權證好好玩」

自營商——技術面選股，操作週期短

　　自營商在三大法人中的操作週期，應該是最短且策略彈性最高的，主要是因為資金來源是券商自有部位，對於風險的承受能力較低，一旦方向不對，就得立刻停損。相反地，也會將帳面利潤迅速停利。

　　自營商的選股策略傾向股本小、籌碼安定，搭配技術面指標的變化進出場。以寶滬深為例（圖3-1-9），自營商在股價站上月線和季線後加碼買進，持續買超多天，股價上漲至13元，技

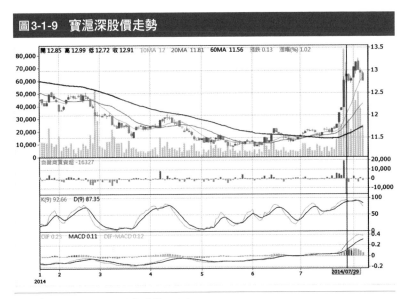

圖3-1-9　寶滬深股價走勢

資料來源：CMoney理財寶「權證好好玩」

術指標KD值過高且乖離過高，隔天賣出16,327張。除了包括自營商的投資外，也有部分是權證投資避險部位，但是同樣前一天大買的投信則持續持有，沒有賣出的動作。

注意持有標的的法人分布

　　投資人若是以籌碼為選股的主要方法，就必須注意，如果是三大法人同步買進，股價後市的漲幅較為可觀。相反地，標的遭逢三大法人一起賣出，股價勢必大跌，而且技術分析的指標可能較不具參考性。例如三大法人同時賣出，均線的支撐可能一次就被瓦解，投資人必須等到籌碼賣出減緩後，才能運用技術分析操作。

　　此外，投資人要注意於持有標的的法人分布，例如標的的主要法人持有者是外資，假設外資持續站在買方，投信和自營商雖然賣出，可能無法影響股價的走勢；但若是主要持有外資法人開始進行持續的調節賣出，標的的股價跌勢就可能確定，投資人需順勢操作，籌碼才是左右股價的主角！

3-2

主力認養，不漲也難

　　除了外資、投信和自營商三大法人，是台股市場主要的玩家外，「主力大戶」也是重要的主角之一。俗話說的好，「千線萬線，還不如一條電話線」，當散戶努力學著技術分析、畫著上升趨勢線和壓力線，利用各樣神奇的指標參數算出股價的走勢，老實說，這些千頭萬緒的股價線，都是主力大戶所精心設計出來；因此，注意這些主力的進出，搭配技術線型轉折型態及指標背離的提示，散戶也可以搭上主力大戶的順風車。

　　通常公司有任何基本面利多或利空的消息，第一個得知的一定是公司的內部人，特別是大股東、董監事和主要主管人員，投信、外資、法人則是第二順位得知。投資報告強力推薦，過程的助燃劑當然是媒體單位，股價通常如預計般的走勢，等到達到目標報酬率後，公司內部人先停利賣出，接下來主力和法人陸續落袋為安；由於這些大戶手上的部位較大，無法一次出清，因此搭配利多消息邊拉邊出，聰明的散戶就可以發現股價開始呈現做頭

型態，技術指標發現背離。但是，大部分的投資人會追高買進，最後主力或法人開始連續賣出，股價正式跌破季線，多空趨勢正式反轉。這樣的故事及過程總是重複地發生，主力帳戶紅了，散戶股價綠了。

觀察融資、融券變化，追蹤籌碼流向

在了解主力進出的操作手法前，必須先清楚什麼是融資和融券，因為主力和散戶通常是對立的狀況，觀察這些資券變化資料和主力操作，非常具有參考性，特別是有助於追蹤籌碼的流向。

「融資」是當投資人看好股價未來的走勢，由於自有資金的不足，向授信機構借錢買進股票，等到股價上漲獲利後賣出還錢。萬一股價不如預期走勢而且下跌超過法定的融資維持率，投資人若沒有及時補上差額，就會面臨斷頭的風險。簡單說，融資是一種工具，在於提高投資人的投資槓桿，當日融資買進和融資賣出償還融資的差額就是「融資餘額」，通常也被視為散戶的指標。

「融券」剛好和融資相反，是看壞股價的走勢，預期會下跌，所以先和授信機構借券賣出，等待標的股價如預期下跌後再買回償還，高賣低買，賺取價差。當日融券賣出及融券買回償還的差額稱為「融券餘額」。由「融券餘額」除以「融資餘額」可以求出券資比，此數值 > 50%表示看空的散戶過多，隨時都有反轉軋空的情況發生，正常的範圍是10%至20%。

從股價基期和走勢，看出籌碼轉移方向

　　「融資餘額」和「融券餘額」雖然被視為散戶指標，但是主力也是會運用融資和融券的工具，因此還是要搭配股價的基期和走勢，才能更精確地表達散戶和主力間籌碼的轉移方向。簡單說，融資雖代表散戶，但是在股價低基期時候，大戶也會運用融資來增加部位的持有，當融資增加，股價也上漲，表示散戶和主力都看多。當融資增加，但是股價下跌，表示散戶看多而主力看空。融資減少但是股價上漲，表示散戶看空但是主力看多，融資減少股價也下跌，則表示散戶和主力都看空。

　　無論在股價低基期或是高基期，融券增加對股價未來走勢有所支撐，例如股價下跌至低檔，但是融券增加，股價可能下跌有限。若是股價漲到高基期，融券依舊維持高檔，股價可能因為融券未來需要回補的需求，而造成軋空的機會。

　　以矽品股價和融資餘額走勢為例（圖3-2-1），股價由34元漲至54元高點，融資餘額都是低檔，表示散戶不看好，但是主力作多。然而在下跌的過程中，融資餘額卻是大增，表示散戶看漲，但是主力已經看空出貨。

　　圖3-2-2融券餘額大增在股價前高約48元時候，但是股價持續上漲，這些融券餘額回補的動能，造成股價上漲，持續創新高。然而股價到達54元新高的時候，融券餘額下降，這表示股價下跌的支撐較低，投資人要注意別亂接「掉下來的刀子」。

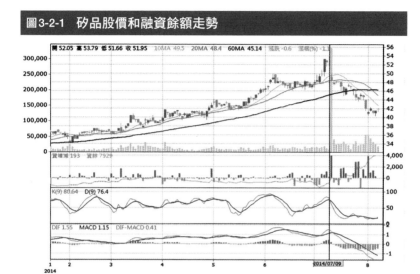

圖3-2-1 矽品股價和融資餘額走勢

資料來源：CMoney理財寶「權證好好玩」

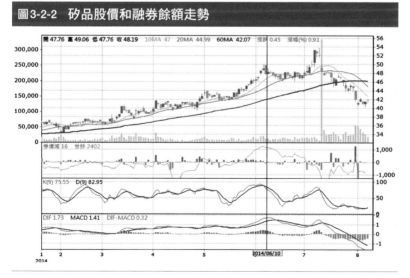

圖3-2-2 矽品股價和融券餘額走勢

資料來源：CMoney理財寶「權證好好玩」

搭配技術分析，判斷股價走勢

　　除了了解融、資券的資訊，投資人還可以運用前一章所學習的技術分析，搭配判斷未來的股價走勢。由矽品股價下跌過程（圖3-2-1），可以看出籌碼逐漸轉移到散戶（融資餘額大增），K線跌破月線前已經有指標背離的狀況，暗示多空轉折將發生；股價正式跌破月線後，至少整理一個月，季線支撐也同時跌破，均線將呈現空頭排列，投資人就該順勢作空，直到股價再次站上月線後，再考慮是否翻多操作。

主力分類：公司派、市場派、當沖短線

　　主力大戶過去分類比較複雜，現在簡單的區分為公司派主力、市場派主力及當沖短線主力大戶。

　　公司派和市場派通常操作週期較長，同時會和標的本身的題材有密切的關係，像是之前黑松及三陽董監事改選的題材，就引發起公司派及市場派主力的進場。因此，投資人可以觀察和標的公司所在地有地緣性的券商分點進出，就可以發現其中變化。例如先前發生的「油品事件」，在新聞媒體曝光前，發現接近該標的總公司附近的券商分點，疑似有人「早知道」而放空該標的，隔天消息公布後，股價當然跌停，放空主力大賺一筆「災難財」。

　　而當沖的短線主力比較喜歡選擇股價已經大漲一波，成交量大且交易活絡的標的，以方便當沖出貨。市場上已有多家券商被關注為「短線當沖幫」的交易分點，若是標的的大單是由這些隔日沖的主力所買進，要特別注意隔天的走勢，假設股價在高基期，當沖主力習慣將股票拉到漲停，通常隔天趁追漲停的散戶掛單搶進出貨，股價容易開高走低。

　　散戶要如何發現主力蹤跡呢？現在拜科技之賜，軟體分析讓主力進出無所遁逃。以緯創主力進出分析為例（圖3-2-3），主

圖3-2-3　緯創主力分點進出

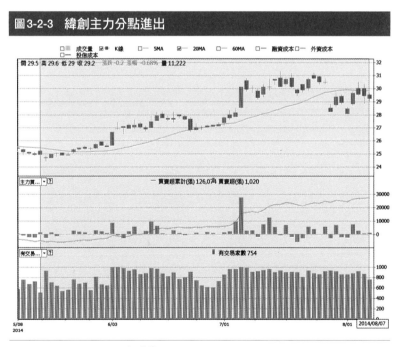

資料來源：CMoney理財寶「籌碼K線」

力在股價站上月線後持續買入近二個月，直到股價跌破月線後，開始轉買為賣。投資人從軟體的分析和追蹤，可以查出那些券商分點主力進出的成本和賺取的金額，長期觀察便可以知道哪些券商分點總有贏家高手在其中交易，下次看到該分點又大量買進標的，就可趁此搭上順風車。

新手投資人也可以運用某些具有智慧選股功能的軟體，以籌碼面搭配技術面，挑選出潛力的標的。以台燿為例（圖3-2-4），分點主力開始在股價22元且站上月線時候開始買進，漲至28元於均線上下整理時候賣出，直到整理完畢後再進場買進。

投資人必須注意的是，主力也是搭配技術線型的走勢來進出場，因此技術分析的專業加強，對於投資人而言相當重要。

圖3-2-4　主力買進技術分析選股

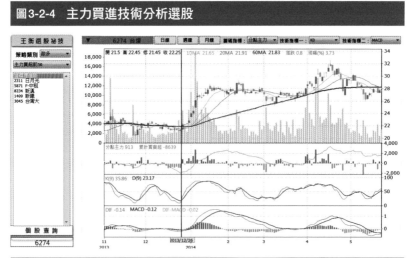

資料來源：CMoney理財寶「權證好好玩」

3-3

籌碼題材，定期提款

　　認識三大法人的選股邏輯及進出操作手法，以及主力認養的標的及融資融券變化等參考資料之後，在籌碼面選股上，還有董監事改選、庫藏股實施、增資減資行情、股東會及除權息融券回補等好戲，可以讓投資人將股市當成提款機，定期提款！

董監改選

　　董監改選的行情也是台股第一季到第二季的籌碼題材重頭戲，其選舉結果對於公司未來的經營相當重要。由於上市櫃公司股東會與董監事改選的高峰期，大都落在每年的5至6月中，且根據法規，若參加董監改選，股東的名單需在股東會前六十天確定，因此會造成部分持股不足但是有心參與的大股東、市場派或是公司派，必須盡可能地在此限期前補足，才能對選舉結果有所掌握。

雖然法規規定必須在股東會前六十天確定股東名單，但是通常在董監事改選年前一年底，有心人士就會逐步進場布局，隔年第一季拉高至股東會前六十天名單決定後就賣出。利用此題材操作，獲利至少有30%，因此投資人不妨鎖定這樣的題材。

善用網站或軟體，輕鬆選股

如何找尋這類題材標的呢？根據法規，董監任期最多3年，多數公司每三年改選一次，因此今年要改選的公司會公告在公開資訊觀測站（圖3-3-1，網址：http://mops.twse.com.tw/mops/web/t51sb10_q1），詳閱說明資料，若發現董監持股不到10%，就可以留意。

新手可能覺得這樣的搜尋方式太過瑣碎，網路上也有免費的資訊分享（http://stock.wespai.com/equity），並且將持股明細標出。甚至也有軟體搭配技術指標的翻多，於股價開始發動時幫投資人智慧選股的軟體，讓新手可以輕鬆布局開心進場。

評估要點：基本面佳、股本不過大、股價低基期

不過，董監改選題材並不是每一檔都可以參加，最好是基本面不錯、公司本身仍具價值、股本不宜過大、股價在低基期，才可能啟動行情。

圖3-3-1 董監事改選公開訊息

資料來源：公開資訊觀測站

以2014年最具爭議的三陽董監事改選為範例說明，近二年，三陽基本面財報數字中的毛利率、營業利益及稅後營業利益率皆下滑（圖3-3-2），但股價自2013年起漲至2014年最高點63元，漲幅高達三倍。雖然財報看似不佳，為何能引爆如此讓人羨慕的行情走勢？主要原因在於公司具有「資產」的題材，三陽內湖舊廠擁有萬坪土地，由於近年來房地產價格高漲，也帶動了該資產的價值，2014年第一季重估資產竟然高達約106至126億

圖3-3-2　三陽財務數字及股權結構

資料來源：CMoney理財寶「權證好好玩」

元，比起2007年所估價的55億元，大漲約93%至130%。

　　如此高額的資產價值，可望帶動其開發後的收益，因此造成市場派和公司派的角力大戰，甚至於2014年6月股東會招開期間，被交易所以「打入全額交割」為懲戒而股價跌停。經過激烈的選舉，最後由市場派成功取得9席董事中的5席，取得經營權。

　　三陽股價也是神奇性地在股東會前六十天漲至最高點（圖3-3-3），即使之後月營收金額增加，股價仍開始下跌近腰斬（圖3-3-4），同時千張大戶持股比例也逐月下降（圖3-3-5），董監改選遊戲規則淺顯易懂。

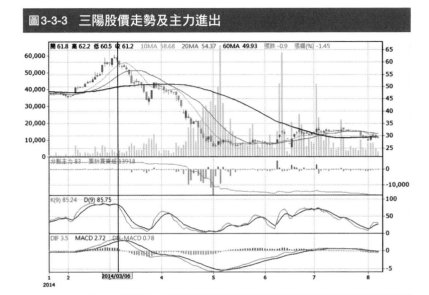

圖3-3-3　三陽股價走勢及主力進出

資料來源：CMoney理財寶「權證好好玩」

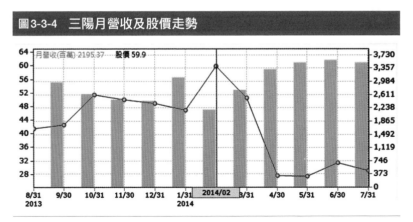

圖3-3-4　三陽月營收及股價走勢

資料來源：CMoney理財寶「權證好好玩」

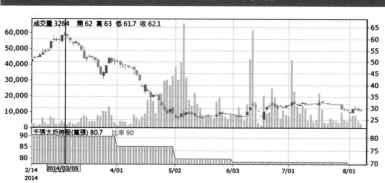

圖3-3-5　三陽股價走勢與千張大戶持股比率變化

資料來源：CMoney 理財寶「權證好好玩」

　　事實上，每年都有幾家公司有如此激烈的董監事改選行情可以參與，這類型的投資收益大都可預期，且股價低檔期的風險亦可承受，投資人可以持續鎖定。

庫藏股實施

　　公司於公開市場實施庫藏股買回的目的，不外乎以下幾點：將買回的庫藏股當作未來轉讓股份給員工的紅利，或是買回後註銷減資，減少股本，提高財報數字。不過，根據實務操作，大都是根據法規中庫藏股實施的準則之一「維護公司信用及股東權益」。因此，股價跌跌不休或是2008年金融風暴的時候，許多公司都有實施庫藏股的措施。

圖3-3-6　庫藏股實施查詢網站

資料來源：公開資訊觀測站（http://mops.twse.com.tw/mops/web/t35sc09#）

　　公司實行庫藏股買回的訊息，皆會公告在公開資訊觀測站網站，並且將實行的時間、預計買回的張數金額及目前實施的情況，分別標示清楚，投資人可以從基本面和技術面分析是否參與。

長、短線投資操作要點

如果你是長期投資人，需要了解該公司長期基本面的狀況，來分析長期持有的價值，例如：每股淨值、每年配股配息的能力，及未來業績的成長機會。

而短線操作的投資人，則著重於技術面的評估，因為大部分實施庫藏股的公司，股價先前可能跌幅不小，中期趨勢可能走空，因此當庫藏股實施的利多出現，股價可能止跌反彈。但是若遇到中期的空頭壓力價格，可以考慮暫時停利、落袋為安，因為根據歷史資料的研究觀察，好公司很少實施庫藏股的措施。

以因「打房政策」的實施而導致股價持續弱勢的營建類股太設為例（圖3-3-7），因為股價自2013年11月至2014年5月，跌幅近20%，公司宣布從2014年5月6日至2014年7月5日實施庫藏股，短線操作投資人以技術分析判斷週KD及MACD皆有背離的狀況，趨勢可能轉折，進場買入後可以等待到KD指標死亡交叉或MACD柱狀體（OSC）負值出現後，停利出場。

而對中長期投資人，評估太設目前每股淨值為15.92元（圖3-3-8），每股盈餘1.76元，現金股利0.2元，綜合這些基本面財報數字，可以提供投資人是否考慮長期持有。

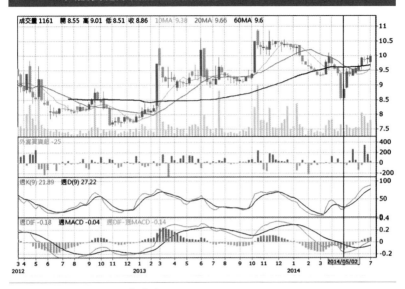

資料來源：CMoney理財寶「權證好好玩」

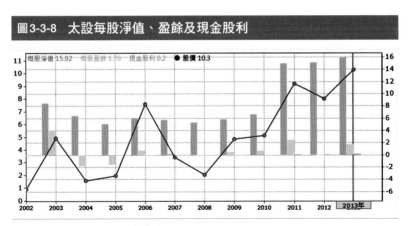

資料來源：CMoney理財寶「權證好好玩」

增資減資行情

增資及減資簡單的定義，「增資」就是增加公司的股票，若公司營收並沒有同步增加，則會造成每股盈餘的減少，「減資」就是減少公司的股票，公司若維持原先的營收，可以增加每股盈餘的增加。

增資或減資對於股價未來的走勢是多還是空並不一定，主要還是要考慮公司基本面的分析。假設公司增資的金額並沒有用在本業業務的開發、提升營收的成長，這樣股價的走勢也許不一定是樂觀的。

至於減資，有些公司是退還過多的盈餘現金給股東，同時將股數降低以提高每股盈餘，長期而言對股價就有支持。但是如果公司減資是因為虧損過多而要股東認賠，這樣可能更糟糕。

增資案例：基本、籌碼面加持，股價表現亮眼

以漢微科現金增資為範例（圖3-3-9），漢微科上櫃後皆維持近70%高毛利率及高稅後利益率，資本額僅7億元且籌碼安定（大都法人持有），在基本面和籌碼面的加持下，上櫃前後的現金增資，股價走勢表現不俗，2014年4月8日最高至1,450元（圖3-3-10）。

圖3-3-9　漢微科利潤率及股價走勢

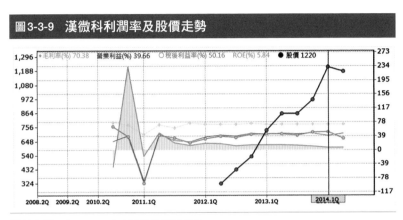

資料來源：CMoney理財寶「權證好好玩」

圖3-3-10　漢微科週線股價走勢

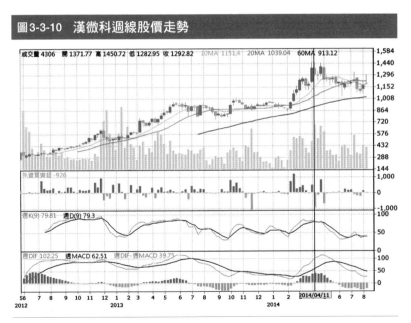

資料來源：CMoney理財寶「權證好好玩」

漢微科（3658）公告
本公司股票初次上櫃前現金增資發行新股承銷價格

本公司為配合初次上櫃前公開承銷辦理現金增資發行普通股股票6,000,000股每股面額新台幣10元，業經呈奉行政院金融監督管理委員會101年4月10日金管證發字第1010012407號函申報生效在案。

本次現金增資採溢價發行方式辦理，實際發行價格依詢價圈購之結果並與承銷商共同議定承銷價格為每股新台幣208元整，合計募集資金總額為新台幣1,248,000,000元。

漢微科（3658）公告
本公司以現金增資發行普通股方式參與發行海外存託憑證

本公司現金增資發行新股參與發行海外存託憑證，業於台灣時間102年11月7日完成訂價。本公司本次現金增資共發行新股5,000,000股全數作為發行海外存託憑證，每單位存託憑證表彰本公司普通股1股，計發行5,000,000單位海外存託憑證。

本次每單位海外存託憑證交易價格為美金29.17元，折合新台幣每股價格為860元（匯率美金：新台幣=1:29.48），總共募集資金145,850,000美元，折合新台幣4,300,000,000元。

減資範例：每股盈餘及股東權益報酬率提高，股價走揚

　　公司減資的範例以國巨說明，國巨於2014年6月11日公告現金減資並每股退回7元給股東，已經在2013年11月8日宣布買回庫藏股47,000張及2014年3月13日80,000張，並且將其庫藏股註銷減資。由於減資有機會讓未來的每股盈餘及股東權益報酬率提高，因此股價走勢相當捧場（圖3-3-11）。

圖3-3-11　國巨股價走勢

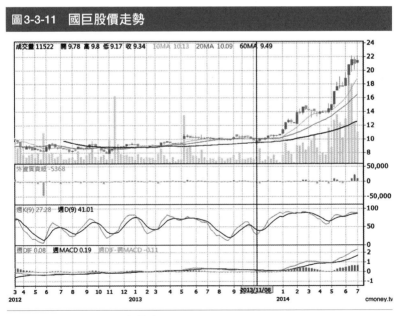

資料來源：CMoney理財寶「權證好好玩」

國巨（2327）本公司董事會決議辦理現金減資

1. 董事會決議日期：2014/06/11

2. 減資緣由：為提昇股東權益報酬率及公司每股獲利能力，考量財務槓桿之運用，擬辦理現金減資退還股東股本。

3. 減資金額：新台幣15,395,086,730元

4. 消除股份：1,539,508,673股

5. 減資比率：70%

6. 減資後股本：新台幣6,597,894,310元

國巨（2327）公告
本公司辦理庫藏股註銷完成實收資本額變更登記事宜

1. 主管機關核准減資日期：2014/05/19

2. 辦理資本變更登記完成日期：103/07/01

3. 對財務報告之影響（含實收資本額與流通在外股數之差異與對每股淨值之影響）：

103年第一季合併財報

	實收資本額（元）	普通股發行股數（股）	流通在外股數（股）	每股淨值（元）
減資前	22,387,921,040	2,238,792,104	2,199,298,104	17.58
減資後	21,992,981,040	2,199,298,104	2,199,298,104	17.58

註：因本公告為註銷庫藏股，故對流通在外股數及每股淨值無影響。

股東會及除權息前融券回補行情

　　根據法規的規定,在股東會及除權息前會有停止過戶日,目的是要確定股東的名單來確定權利與義務。而停止過戶日往前推第七天,當日後五天內停止融券,且其融券會在停止融券的隔天

圖3-3-12　停資券公告

資料來源:台灣證券交易所

被強制回補，何時停券或停資及最後回補日，這些的資訊皆公告
於台灣證券交易所及櫃買中心（圖3-3-12，http://www.twse.com.
tw/ch/trading/exchange/BFI84U/BFI84U.php）。

　　由於強迫回補，容易推升股價上漲，造成融券回補軋空的行
情，標的的選擇參考包括券資比的觀察（圖3-3-13），一般券資
比大於50%的個股，較易啟動軋空的行情。其次，觀察融券張
數和20日成交均量的比例，比例越高，較容易有軋空的行情。

圖3-3-13 個股券資比

名次	股票名稱	收盤價	漲跌	漲跌幅	融券餘額	融資餘額	券資比
1	4142 國光生	37.60	+ 0.20	+0.53%	9,015	8,066	111.77%
2	1339 昭輝	92.90	-3.00	-3.13%	2,206	3,663	60.22%
3	910482 聖馬丁	2.74	+ 0.11	+4.18%	5,951	15,253	39.02%
4	2031 新光鋼	18.35	0.00	0.00%	1,795	4,771	37.62%
5	2308 台達電	208.00	+ 6.50	+3.23%	504	1,357	37.14%
6	1736 喬山	75.20	+ 1.40	+1.90%	1,789	4,952	36.13%
7	2439 美律	153.50	-5.50	-3.46%	2,343	6,533	35.86%
8	9940 信義	38.00	-0.15	-0.39%	616	1,750	35.20%
9	1476 儒鴻	322.00	-13.00	-3.88%	599	1,731	34.60%
10	9802 F-鈺齊	37.00	-0.20	-0.54%	760	2,288	33.22%
11	2448 晶電	67.70	-1.80	-2.59%	4,801	14,492	33.13%
12	8072 陞泰	65.20	-2.90	-4.26%	719	2,230	32.24%
13	006205 FB上証	20.18	-0.16	-0.79%	7,050	23,753	29.68%
14	6243 迅杰	31.90	-0.50	-1.54%	2,808	9,814	28.61%
15	6115 鎰勝	42.60	+ 0.10	+0.24%	188	669	28.10%
16	0055 寶金融	14.83	+ 0.08	+0.54%	145	527	27.51%
17	0050 台灣50	65.70	0.00	0.00%	864	3,242	26.65%
18	2360 致茂	82.10	+ 2.20	+2.75%	564	2,459	22.94%
19	1590 F-亞德	291.00	+ 5.00	+1.75%	256	1,153	22.20%
20	3593 力銘	17.20	0.00	0.00%	4,114	18,535	22.20%
21	3450 聯鈞	124.50	-1.00	-0.80%	1,691	7,727	21.88%
22	3406 玉晶光	92.10	-0.70	-0.75%	2,675	12,542	21.33%

資料來源：http://5850web.moneydj.com/Z/ZG/ZG_EH.djhtm

第四章

判斷趨勢，多空皆贏

　　百分之百的投資新手買下的第一張股票，肯定只有知道這檔股票的代號、名稱和價格而已，而其中90%的人最後投資績效大都負報酬居多，但是仍有幸運的10%投資新手大獲全勝，別懷疑，那真的只是運氣好而已。

　　想要掌握投資懶人術的首要祕訣，就是掌握趨勢判斷多空，「順勢操作，不賺也難；逆勢操作，越攤越慘」。近年最嚴重的金融風暴，當以2008年的情況為最，以台積電為例（圖1），金融風暴期間台積電本身的財務狀況及每股盈餘並沒有多大的變化，若是在金融風暴前二年買進的投資人，持有到金融風暴後二年，股價沒有多少獲利，但若是在2008年底趨勢反轉前、股價約44元買進的投資人，持有到台積電破百元大關，投資獲利已經翻倍。

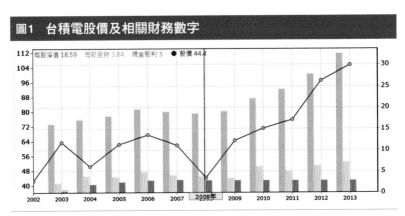

圖1　台積電股價及相關財務數字

資料來源：CMoney理財寶「權證好好玩」

　　實務上，我們於本章要談到的最後一招「掌握趨勢轉折點」，比基本面的分析還重要，除了2008年的舉例外，2003年Sars疫情的影響重創台股，即使2004年台積電的每股盈餘及現金股利皆比2003年高，股價仍是大跌。聰明的散戶只要掌握轉折點，隔年獲利至少20%。

　　如果你是基金的投資人呢？以某支台股基金為例（圖2），大部分的新手肯定是加碼在最高點近65元，之後一路套牢、彷彿得到失憶症忘了它的存在，直到現在才爬回半山腰而已。假設是買在趨勢反轉的低點的投資人，現在的獲利則至少翻倍了。

　　由以上的範例得知，掌握趨勢轉折才是獲利的關鍵，而趨勢的轉折如何觀察，就要清楚地掌握，哪些因素會影響經濟趨勢的走勢？哪些指標會提早顯示？而那些「看得見的那隻手」，又如何運用政策來讓經濟趨勢轉彎？

圖2　台幣計價基金走勢圖

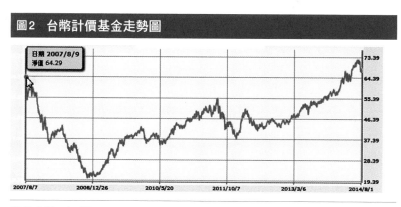

資料來源：鉅亨網

　　這些相關的專業都會在本章化繁為簡地教導投資人，其中包括全世界各國經濟趨勢的相互影響，政府如何運用貨幣政策及財政政策來左右趨勢走勢，最後，將投資人一定要了解的經濟指標，深入淺出以範例說明。只要簡單地運用、判斷趨勢多空順勢操作，相信就能逐步提高投資勝率。

　　一般的投資人沒有法人機構的專業及資訊庫優勢，大部分是由網路或是公開資訊得知，其實，總經數字變化及政策的實施，具有時效的遞延性，例如政府提高利率時，資金的收回並不會產生立即性的作用，大約需經過3至6個月，才會逐漸對股市資金的動能產生效應，因此網路的訊息其實已足夠判斷趨勢。而這些新聞資訊及經濟指標的變化，在許多網站都整理得相當完整，例如鉅亨網、雅虎等大型網站，且皆為免費提供，投資人可以善加運用。

　　然而，對於網路爆炸的新聞資訊，新手最頭痛的就是不知道如何判斷，老實說，除非你要當大學經濟系的教授，身為一個單純的股市投資人，對於經濟指標和政策趨勢判斷，其實不需要太複雜的推導。最簡單的方法是，當政策及指標出現變化時，第一步驟要直覺判斷對股市影響是加分，還是減分？對股市偏多，還是偏空？例如，近年考慮課徵證所稅的財政政策，對股市影響就是減分，也造成了當時大盤的下跌。

　　除了判斷多空影響之外，其次要了解這些變化影響的層次和廣度，例如，房地產課徵奢侈稅和考慮提高非自用住宅的房屋

稅，影響的層次就不同，前者是控制高端大戶的資金，後者則影響到中產階級。當然，如此一連串的打房政策確實造成營建股大跌（圖3），而這項政策影響的廣度可能波及其他的行業，例如，銀行股或是水泥鋼鐵等上下游相關產業，投資人最好別逆勢操作，至少等到技術面落底及基本面改善，再行進場。

此外，對於這些變化的發酵時間及影響時間，也需要進一步分析，例如2003年的Sars事件、日本311地震等重大事件，還有過去讓兩岸情勢緊張的飛彈試射，是屬於較短週期的影響，等到

圖3　營建股股價走勢

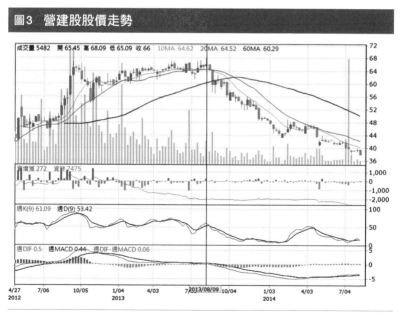

資料來源：CMoney理財寶「權證好好玩」

災情得到控制後，股市通常就會止跌反彈。但是，1997年亞洲
金融風暴、2000年科技泡沫，及2008年的雷曼風暴等經濟實體
面的影響，就需要較長期的回檔及整理時間。投資人必須觀察經
濟指標的變化，來判斷是否趨勢反轉。

　　通常，一個完美金融風暴的週期大約3至5年，多頭走勢
約1至2年，空頭比多頭時間短一點，因為政府會有刺激景氣出
台，而打底或是做頭的時間約半年到1年間，投資人務必掌握這
樣週期性的變化，在10年內完成財富自由的夢想，就不難達成
了。

　　近年因為美國QE印鈔政策的影響，就如同打了生長激素般
的，讓全球股市及房地產市場的運轉不似以前的規律。但是，出
來混早晚要還的，無論長期、中期或短期的投資人，若經濟在高
點出現轉折點時，務必將投資出清；積極的投資人可以反向作
空，而保守的投資人應在高檔落袋為安後，等待回檔整理完，再
分批進場布局。

4-1

國際趨勢，一手掌握

　　過去的金融風暴大都由區域型開始發展，例如1997年的亞洲金融風暴，由泰國開始蔓延，韓國和印尼受傷最重，而亞洲其他國家也無一倖免。2000年科技泡沫則是由美國開始，並殃及全世界股市。

　　基本上，除了重大的金融風暴時期，全球股市的景氣循環分為亞洲、歐洲及美洲為主輪動，例如歐洲下跌時，資金可能會至美洲或亞洲國家投資。但是2008年由雷曼事件造成的全球性金融風暴，各國政府為了自救，由美國帶頭降息及QE（Quantitative Easing，量化寬鬆）印鈔的政策，導致其他國家被強迫必須以同樣的手段來拯救經濟，這樣的寬鬆政策措施造成資產價值大漲及財富重分配，也造成了全球股市的波動加大。

全球股市連動高，需密切觀察各國政府政策

　　近年來，拜科技進步之賜，加速了資訊的傳播，國際資金亦可以快速地流通，加上金融投資國際全球化的開放，全世界的股市連動將會更緊密，投資人一定要懂得觀察各國政府的政策及指標，和股市波動的關聯性，就可以提早做好防範措施。

　　舉例而言，2009年底歐債危機的出現，讓台股回檔修正近1,000點，而2011年中及2014年初美國宣布QE縮減計畫後，亞洲股市全被打趴，主要原因是擔心美國將流通在外的外資資金抽回。投資人要密切注意未來美國貨幣政策的改變，將會嚴重影響到新興市場的資金供給。

　　事實上，美國這一年來已經陸續將新興國家的資金逐步地回收，因此美國任何的財政或是貨幣政策的方向，都左右著其他國家的股市走勢，也造成近期的波動增加。

　　全球股市區分為三個主要經濟體，包括亞洲、歐洲及美洲：亞洲地區主要觀察大陸、香港、日本和韓國；歐洲則是英國、德國和法國；美洲以美國道瓊指數、那斯達克、S&P500及費城半導體指數為主要觀察。從這些國家財政及貨幣政策、匯率、總經指標、大盤技術線型及類股股價的變化，皆可以推導出台股的走勢及個股輪動的機會。

長、中、短期操作，觀察方向各不同

基本上，全球股市相互影響力的週期可以分為短期、中期和長期。例如，各國指數前一天的漲跌幅，或是技術分析上的關鍵支撐和壓力價格的突破，都可能會立即影響到台股開盤的走勢。

而匯率的變化則是表示短期內資金的變動方向。如果該國的貨幣急貶，就可能代表短期資金的離開，當然對該國股市走勢比較不利。反之，若是該國貨幣急升，股市資金動能就比較有支撐。

中期趨勢的影響則需要注意經濟指標的變化及利率走勢，例如，美國未來若調升利率，外資借貸成本增加，就會將投資國外的資金回流，如此可預期會造成其他國家股市的波動。

而左右長期趨勢，就要考量政府的財政政策及貨幣政策，例如，歐洲及美國持續的樽節預算支出，亞洲國家因為這些國家的需求降低，對於出口國當然會造成長期的影響，股市就可能跌多漲少。

表4-1-1　全球趨勢週期影響判斷

時間	參考內容
短期	股市指數漲跌及技術分析、匯率走勢
中期	經濟指標、利率走勢
長期	財政政策及貨幣政策

　　經濟指標及財政貨幣政策內容，將於本章第二節及第三節詳
細說明，本節先討論對景氣趨勢的影響重點。

短線操作觀察要點一：相關國家的股市走勢

　　其他國家股市對台灣股市的影響，以韓國股市的走勢和台股
較相關（圖4-1-1），而美國股市的漲跌幅，對歐洲股市的方向
有密切的連動。因此短線操作時，投資新手在台股開盤前，可以
先觀察美股收盤的變化，及韓國開盤的漲跌幅，通常就可以預估
台股開盤的走勢。

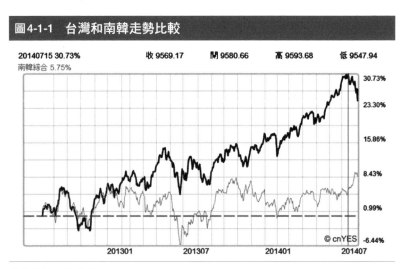

圖4-1-1　台灣和南韓走勢比較

資料來源：鉅亨網

　　韓國股市和台股走勢的連動性高達9成，例如韓國股市開盤跌1%，台股開盤跌幅也約當如此。而美股若大跌，除非系統性的金融風暴來臨，台股開低走高的機率也蠻高的，反而短線當沖投資人可以觀察道瓊期走勢，進場搶短。

　　此外，美國是高科技的發展主角，由美股中可以發現許多的題材股，台股相關類股也會雨露均霑。例如去年特斯拉汽車（Tesla）股價持續走高（圖4-1-2），也帶動了台股電動車相關概念股大漲。不僅美股電動車題材發酵，生技類股及三D列印概念股也在美股的領導下，波段漲幅可觀。因此，細心的投資人可以注意美股新題材的出現，找尋台股相關類股提前布局。

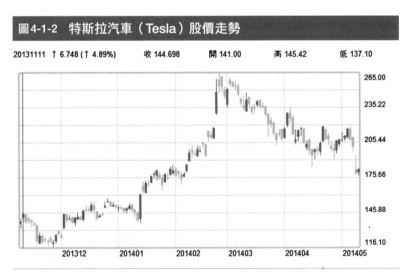

圖4-1-2　特斯拉汽車（Tesla）股價走勢

20131111　↑ 6.748 (↑ 4.89%)　　收 144.698　　開 141.00　　高 145.42　　低 137.10

資料來源：鉅亨網

除非是全球系統性的風險，否則台股和日股的相關性較低，而陸股的變化比較影響台股的中概股股價走勢（圖4-1-3）。但是值得注意的是，陸股和美股走勢合併影響著台股的走勢，例如陸股漲、美股也漲，台股當然跟著上漲，假設兩個市場都走跌，台股勢必跟著跌，而一邊漲一邊跌，台股傾向區間走勢。

圖4-1-3 台股、上證A股及日股走勢比較

| 20140725 28.96% | 收 9439.29 | 開 9524.20 | 高 9528.70 | 低 9412.48 |

上證A股 -2.22%　日經22 73.20%

資料來源：鉅亨網

短線操作觀察要點二：從匯率走勢，判斷資金動能

除了其他國家市場指數波動對台股的影響外，匯率的走勢也是短期可觀察資金動能的方法之一。台股和美元的走勢呈現反

比（圖4-1-4），原則上美元越強（台幣貶值），股市比較容易回檔，反之，台幣升值對股市上升資金動能有益。這樣的邏輯不太適用在外匯交易自由（日本），或者外匯相對控制（大陸）的市場預測。

圖4-1-4　台股與美元走勢的比較

20140507 7.77%　　　　　收 8893.22　　　　開 8906.21　　　　高 8911.03　　　　低 8856.98
美元/台 0.87%

資料來源：鉅亨網

　　股市和匯率相對應的關係則不太適用於日本，主要原因是日本人口老化程度相當嚴重，因此當這些退休老人把海外資產匯回國內後，寧可擺在銀行，也不願再做風險性較高的投資。若台灣人口結構持續老化，很可能也會發生相同的情況。

　　台股投資人要注意美元、韓元及人民幣的匯率變化，美元掌握控制台股市場資金動能，也和台股中產業類股的輪動有關。台幣升值時，資產金融等類股較有表現，當台幣走貶時，則有利於出口產業，電子股就成為操作主軸；但是要注意韓元的走勢，因為同為電子出口國，會有同步競貶趨勢，若發現在台股指數高檔時候，韓元開始走貶，台幣通常也會同方向趨貶，台股回檔的機率就會提高。

　　特別注意的是，台幣若連續三個月持續走貶，就要注意趨勢是否多轉空？例如，2008年5月開始走貶至2009年2月最低點34.95元時，台股指數亦跌到4,477點，之後台幣一路走升到2011年5月突破29元時，台股指數上漲至9,000點以上。

中期操作觀察要點：指標變化及利率走勢

　　上文解釋了台股和其他國家股市連動的相關性，及匯率變化的短期脈動，而中期的趨勢變化則必須觀察「指標的變化」及「利率的走勢」。

　　台灣因為以出口產業為主，且生產基地大都在大陸，因此操作台股時，只要注意美國和大陸經濟指標的變化和利率走勢即可，這些指標資料在大部分的網站上都是免費提供（圖4-1-5）。

圖4-1-5　經濟指標網站

分類	指標名稱	2014/06	2014/05	2014/04	2014/03	2014/02	2014/01	2013/12
物價	消費者物價指數		234.7	234.3	234	233.8	233.7	233.6
	—/月增%		0.4	0.3	0.2	0.1	0.1	0.2
	—/年增%		2.1	2	1.5	1.1	1.6	1.5
	—/核心指數		235.3	235	234.8	234.6	234.5	234.4
	—/核心指數/月增%		0.3	0.2	0.2	0.1	0.1	0.1
	—/核心指數/年增%		1.9	1.8	1.6	1.6	1.6	1.7
	生產者物價指數/月增%/SA		-0.2	0.6	0.5	-0.2	0.3	0
	生產者物價指數/年增%		1.9	2.5	1.2	0.6	0.9	0.9
	生產者物價指數/核心指數/月增%		0	0.3	0.1	0	0.5	0.4
	生產者物價指數/核心指數/年增%		1.4	1.5	1.2	1.2	1.3	1.2
	商業價格/SA/月增%		-0.9	3.6	4.7	7.1	-1	1

資料來源：鉅亨網

　　例如，美國的ISM指數分為「供應管理協會製造業指數」和「供應管理協會非製造業指數」兩項，通常以50為臨界點，高於50被認為是處於擴張狀態，低於50則意味著萎縮，將影響經濟的增長。

　　圖4-1-6中，美國ISM製造業及非製造業指數從2013年第四季高點下跌後回升，和美股的走勢相互輝映（圖4-1-7），而台股也因為美國經濟持續成長，且持續美元弱勢的寬鬆貨幣政策，而有所支撐。

圖4-1-6　美國ISM指數

資料來源：鉅亨網

圖4-1-7　美股走勢圖

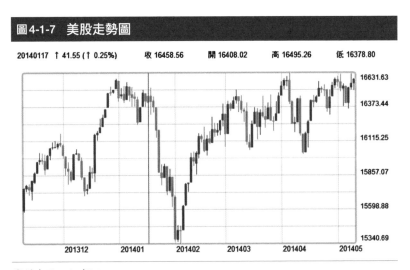

資料來源：鉅亨網

4-2

政策多空，左右趨勢

　　一般而言，景氣具有週期性，從景氣高峰之後衰退，造成了蕭條，然後再逐步地復甦。而這樣的過程除了以廠商供需的變化去調整外，政府扮演著相當重要的角色。

　　例如，2008年年底金融海嘯來襲，各行各業景氣蕭條，為了刺激內需而立法通過《振興經濟消費券發放特別條例》，決定發放3,600元的消費券，合計發放總金額為857億元。除了此方案外，也增加了公共建設，加強地方建設、擴大內需方案，補助地方583億元，並且針對連續嚴重衰退的出口產業，提出許多的振興措施。

　　而央行亦逐步調低利率，採取寬鬆的貨幣政策，並降低廠商的借貸成本及營運壓力。就像2008年底，虧得央行的寬鬆政策，才得以挽救當時融資成數高的營建業不致面臨營運危機。

政府調控政策：財政政策與貨幣政策

　　基本上，政府的功能是扮演穩定經濟市場的角色，因此當景氣過熱的時候，就會採取降溫的動作。反之，當景氣蕭條時，政府就會啟動景氣刺激方案的措施，如此才能保持全體經濟的穩定成長。而常用的政策則區分為財政政策及貨幣政策（表4-2-1）。

表4-2-1　財政政策及貨幣政策的定義、目標及方法

政策	財政政策	貨幣政策
定義	利用調控稅收政策、財政支出政策、預算政策，達到實現國家經濟穩定及增長	由國家央行執行計畫控制貨幣供應量，進而影響其他經濟活動的一切措施
目標	實現經濟增長、經濟穩定、公平分配、資源配置	防範通貨膨脹及通貨緊縮的問題
方法	國家預算、國家稅收、國債及財政補貼	調節基礎利率、調節商業銀行保證金及公開市場操作

　　財政政策的定義，是利用調控稅收政策、財政支出政策、預算政策，達到實現國家經濟穩定及增長，目的在於實現經濟增長、經濟穩定、公平分配、資源配置。運用的方法則包括：國家預算、國家稅收、國債及財政補貼。

　　而貨幣政策是由國家央行執行計畫，以控制貨幣供應量，進而影響其他經濟活動的種種措施。合宜的貨幣政策能針對通貨膨脹及通貨緊縮的問題做出預先性的避險，方法包括：利用調節基

礎利率、調節商業銀行保證金及公開市場操作，來達成其目的。

以經濟指標為依據，決定調控方式

上述的財政及貨幣政策，投資人可以從每天的公開新聞訊息得知，至於政府會採取哪些方式，則取決於經濟指標的變化（相關指標於第三節詳述）。

舉例來說，由於2008年寬鬆貨幣救經濟的策略實施後，造成台灣房地產價格大漲，特別是台北市的房價，讓薪水階級無法負擔，於是為了打壓房價，2011年起開始針對兩年內轉手的房屋課徵奢侈稅。此政策確實影響到房地產市場的成長，以台北市2012年的房價為例，確實稍有回檔現象。緊接著，2012年7月實施「實價登錄」，房屋買賣及租屋案件皆需實價申報。

然而，美國仍持續QE寬鬆政策，並無明顯的緊縮方向，造成台灣低利環境資金行情依舊，因此，房價回檔整理後仍舊呈現多頭走勢。2014年時，財政部更計畫擬定針對持有超過3棟房屋的所有人，其非自住屋未來的房屋稅率將從1.2%提高到1.5至3.6%。

這些一連串的徵稅及實價登錄，都是對調控房地產市場所實施的財政政策。此外，政府同時規範銀行業者的貸款成數及利率，藉由這些貨幣政策來緊縮投資客的資金來源，並且提高資金成本。

　　以上的政策皆屬於對房地產需求面的調控，藉以抑制房地產景氣過熱，同時也直接影響營建類股股價的走勢疲乏。

　　因此，當投資人從新聞媒體得到政策的動向，必須先區分這個政策對投資市場或股市是多還是空？影響的時間是長期還是短期？對哪些行業及產業有所影響？（圖4-2-1）

圖4-2-1　政策預期的判斷

區分對投資市場多或空　▶　區分長期效應或是短期　▶　影響哪些產業領域

　　以房地產調控政策而言，原則上是利空的消息，奢侈稅的課徵屬於短期影響，因此，房價和房地產的股價是短期的反應，但是之後「實價登錄」及提高非自有住宅房屋稅，則是屬於長期的影響，持續的打房政策讓營建類股指數自2011年高點下整理超過二年（圖4-2-2）。投資人若能充分理解政策和類股的連動性，就可趨吉避凶，順勢操作。

　　記得，歷史都是會重演，投資人只要掌握趨勢轉折點，搭配現今的多元化金融商品，就能靈活地多空操作。通常，金融風暴的開始起源於景氣過熱，且當局政府無法有效地做好調控而導致的結果。例如，1997年亞洲金融風暴是由於先前的亞洲金融奇蹟，導致投機資金進入亞洲市場而造成資產的泡沫，當初以泰國

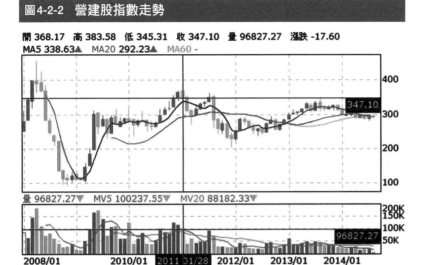

圖4-2-2 營建股指數走勢

開 368.17 高 383.58 低 345.31 收 347.10 量 96827.27 漲跌 -17.60
MA5 338.63▲ MA20 292.23▲ MA60 -

資料來源：雅虎奇摩

為首的資本市場開始崩盤，後來波及香港、寮國、馬來西亞、菲
律賓、新加坡及台灣，無一倖免。大陸當時因先實施調控及資本
進出，控制較嚴格，因此受傷較輕。而2000年的科技泡沫，則
是由美國引爆，擴及全球。

一刀兩刃：貨幣寬鬆政策的影響

2008年的雷曼連動債風暴，不僅亞洲投資人損失慘重，各
國的股市也是災情遍野，於是由美國領頭全世界，開始一連串的
財政及貨幣的寬鬆政策。

　　而隨著各國政府皆採取類似的財政政策及寬鬆的貨幣政策之後，景氣逐漸復甦，卻也因為過度的寬鬆貨幣而造成了通貨膨脹的問題，資金行情不僅反映在股市屢創新高，房地產市場也是呈現泡沫化發展；經過這些財富重新分配而導致貧富不均的隱憂，也造成了部分國家的政治動盪。

美、歐的貨幣寬鬆政策

　　美國自2009年第一季開始，為了挽救股市實施了首次的QE政策，釋出了1.75兆美元。之後於2010年至2012年12月，持續三次的QE貨幣寬鬆政策，如此一連串的政策，造成了美元走貶，且釋出的資金紛紛移往新興亞洲及其他國家，導致這些國家股市及房地產市場大漲，雖然刺激了投資市場，但通貨膨脹也緊接而來。

　　直到2014年1月，聯準會（Fed）決策開始縮減QE規模，每月購債規模減少100億美元至750億美元。同時政府也開始實施樽節措施，2013年10月至2014年4月美國年度預算赤字共為306億美元，比去年同期少掉37%（表4-2-2）。

　　至於歐洲國家，也是仿效美國的寬鬆政策及財政樽節的計畫。歐洲仿效美國的處理方式，從2010年5月成立了歐洲金融穩定基金（EFSF）與國際貨幣基金組織（IMF），提供暫時性的紓困機制，其基金規模由2,500億歐元至1兆歐元。

表4-2-2　美國寬鬆政策

	時間	金額
QE1	2009年3月至2010年3月	1.75兆美元
QE2	2010年8月底至2012年6月	6千億美元
QE3	2012年9月15日起	每月採購400億美元的抵押貸款
QE4	2012年12月	QE3每月400億美元MBS（不動產抵押貸款證券）的購債及450億美元長期公債，合計850億美元
QE退場	2014年1月	聯準會決策開始縮減QE規模，每月購債規模減少100億美元至750億美元

除此之外，2011年12月19日宣布實施長期再融資計畫（LTRO），其執行規模高達近1兆歐元。如此的政策類似美國的QE，提供資金，增加金融市場的流動性及穩定性。

然而，是否如此的措施能有類似美國一樣的成效，有助於歐洲經濟體的實質復甦，或僅僅是短期的紓困方案，成效仍有待觀察。

眾所周知，歐盟經濟體的債務危機永遠難解，任何的寬鬆與緊縮的政策都是一刀兩刃的難題，只不過，全世界都跟著美國方向而左右。

「安倍三箭」的寬鬆政策

　　而日本也不落人後，這一、兩年「安倍三箭」的寬鬆政策最引人注目。在2013年開始安倍的第一支箭──寬鬆貨幣，第二支箭──財政刺激，及2013年6月後第三支箭──日本再興戰略；包括以放寬行政管制，擴大貿易自由化為主，來刺激民間投資、振興產業。這些計畫造成2013上半年日幣大幅貶值了15%，出口年增率高達10.1%，第一箭讓日本股市大漲30%，而後至2013年底，日經指數漲至16,320點（圖4-2-3）。

　　量化寬鬆的政策，促使日幣兌換美元自93元大幅度貶值至105元，股市同時大漲。然而，通膨現象隨之而來，不過安倍有計畫地希望將通膨控制在2%的目標區。

　　寬鬆的政策及日幣的貶值，促使日本企業獲利改善，資本支出也增加，景氣似乎如預期的成長。另一方面，自2014年同時將消費稅由5%調高至8%，並計畫於2015年調高至10%，如此可藉由景氣的擴張，增加國家的稅收。然而，此緊縮的加稅政策僅實施一個月，日本的景氣領先指標即大減，且呈連續性的降低。

　　消費稅增加確實打擊日本國內需求，並且導致企業庫存積壓，從6月日本工業產出減少3.3%可見一斑，不過，安倍政府還是決定在可承受的指標範圍內，繼續維持寬鬆貨幣，甚至於2014年11月1日，日本中央銀行（Bank of Japan, BOJ）意外擴

圖4-2-3　2013年至2014年日經指數走勢

20140804　↓363.32 (↓2.34%)　收 15159.79　開 15474.65　高 15535.62　低 15121.43
EMA20 14777.95

資料來源：鉅亨網

大QE，計畫買進股價指數型基金及不動產抵押債券，當日日股
飆漲5%，日圓貶破110元。

　　投資人可以觀察日幣的走勢，來預估日股的轉折，原則上，
當日幣不持續貶值且連續三個月走升的狀況發生時，日股的漲勢
也可能告一段落。

與大陸的貿易依賴性，影響台股波動

　　台灣經濟方向除了被美國政策及經濟發展左右外，其次，和大陸緊密的貿易依賴性，也是台灣股市波動的重要因素之一，特別是中概股的走勢。2008年金融風暴後，大陸除了仿效美國的寬鬆政策救世外，對於內部產業的改革也不遺餘力，同時提高內需的需求，來維持基本的經濟運轉。這些政策中，對台商有著最嚴重影響的，莫過於調整基本工資及產業升級，許多低階的產業因此紛紛轉移至越南或菲律賓等國家。

　　但此一經濟結構的轉型，也面臨了許多的挑戰。為了抑制因為這幾年的寬鬆貨幣政策而造成的房價大漲，打房政策連續出台，短暫地將資金轉移至股市，為低迷多年的大陸股市打入強心劑。自2014年2月，製造業PMI連續5個月上升至7月分的51.7%，而上證指數週線中期底部型態出現（圖4-2-4），股市短線利多可期，投資人還可以同時注意大陸投資基金或相關中概股的走勢。

政策若緊縮，留意中概股是否回檔

　　台灣股市屬於淺碟式的市場，確實也受這些國際的財經和貨幣政策影響，原則上幾乎是正相關，例如國外採寬鬆政策，台

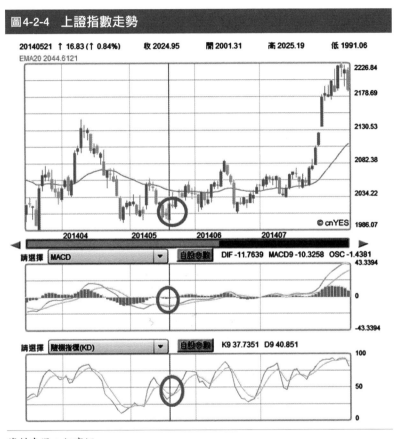

圖4-2-4　上證指數走勢

資料來源：鉅亨網

灣自然不敢反手採用緊縮政策、調高利率。因此當國外陸續降息後，台灣央行大都會跟著降息，反之，開始升息後也會同步進行。因此，2009年歐美國家採降息的寬鬆政策救市，台灣央

行也是調低利率因應，資金行情的引爆當然就帶動台股的上漲動能，從圖4-2-5來看，台股指數的走勢確實和美國的實施政策有正相關。

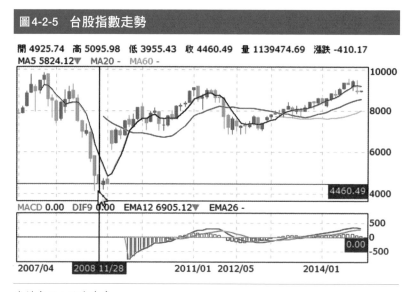

圖4-2-5　台股指數走勢

開 4925.74　高 5095.98　低 3955.43　收 4460.49　量 1139474.69　漲跌 -410.17
MA5 5824.12▼ MA20 - MA60 -

10000
8000
6000
4460.49 4000

MACD 0.00　DIF9 0.00　EMA12 6905.12▼　EMA26 -

500
0
0.00
-500

2007/04　2008 11/28　　2011/01 2012/05　　2014/01

資料來源：雅虎奇摩

　　全世界的經濟政策以美國為主，而依序推出相同類似的財經及貨幣政策，然而，台灣和大陸貿易的關聯性相當密切，因此也必須綜合大陸當局的政策方向，來進行調整。原則上，大陸若採取緊縮政策，台股的中概股股價走勢就需要留意是否會回檔，反之，若是有寬鬆政策的實施，當然有助於中概股的漲幅空間。

觀察連續寬鬆後的轉折，從中獲利

自2008年全世界利用寬鬆貨幣政策，來引導經濟景氣的復甦，雖然各國股市指數因為充沛的資金動能，大多有突破金融風暴時的高點，然而，這樣的救市政策卻如同迷幻藥般造成依賴性，這一、兩年來，只要聯準會可能有緊縮的政策或是調升利率的計畫，皆會造成全球股市集體波動。

連續寬鬆了近五年的經濟政策，為了避免過度的資金行情干擾市場的穩定性，未來一、兩年內勢必會出現轉折點，投資人只要掌握相關的變化，就能趨吉避凶，善用金融工具多空操作，定可避免金融波動的傷害。

留意美國經濟指標，布局升息前後

美國於2014年開始觀察失業率及經濟成長率的變化，計畫逐步地開始收縮資金，於當年1月起，聯準會決策開始縮減QE規模，每月購債規模減少100億美元至750億美元，先減少購債規模，也計畫採取其他的方式，來執行後續的貨幣緊縮方向，例如，考慮調整準備金利率及逆回購利率，做為二大主流調控工具；最終，全面性的緊縮則是逐步調升利率。

當然，這樣的措施一定是當美國景氣確定全面好轉後，就可能啟動，投資人除了注意每個月公告的相關美國經濟指標外，從

美國聯準會每月公告的FOMC（Federal Open Market Committee，
美國聯邦公開市場委員會）會議紀錄，亦可得知其政策方向。

目前大部分的經濟學家對於聯準會升息的預測時間，可能落
在2014年底至2015年，只要尚未確定升息，資金依然會支持股
市高檔不墜的行情。假設正式升息，投資人也不需要過度驚慌，
依照過去經驗法則，剛剛開始升息的時候，股市大都會先跌再
漲，直到升息的幅度及力道開始發酵，其轉折點將會出現；不
過，新興國家需預先提高警覺性，注意是否成為外資提款機。

利用政府促進產業升級時，布局相關類股

除了密切注意美國及主要貿易夥伴的經濟政策外，各國促進
產業的發展和升級政策，也會帶動台股相關類股的漲幅，投資人
不可錯過這樣的好機會。

例如2014年4月17日，為促進美國太陽能產業發展，美國
總統歐巴馬宣布鼓勵聯邦政府機構、家庭、企業、社區等，安裝
太陽能電池板，因此帶動了太陽能類股的漲勢。台股投資人可以
注意歐美國家及中國的國家產業發展計畫，通常都可以發現不少
的潛力股，除了之前太陽能的產業推動外，相關節能電動車題
材於2013年底也是大漲一波。而台灣本地的產業發展動向與計
畫，可以在國家發展委員會的網站搜尋到相關的資訊。

再如，行政院於2012年以「體制調整」與「法規鬆綁」為

主軸，規劃能夠同時兼顧短期與中、長期經濟發展的「經濟動能推升方案」（圖4-2-6），主要目的在於希望能改善國內出口產業的結構性問題，及人才供需失調的問題，其內容涵蓋產業、輸出、人力、投資、政府等5個面向，並提出5大政策方針及25項具體做法。分項方案包括以台灣為主之國人理財平臺方案、發展具兩岸特色之金融業務計畫、傳統產業維新方案、雲彰黃金廊道農業新方案，及加強推動台商回台投資方案等，並且推動產業多元創新、促進輸出拓展市場、強化產業人才培訓，以及促進投資推動建設和精進各級政府效能。

圖4-2-6 國家發展委員會重大政策公告

網址：http://www.ndc.gov.tw/

　　對於經濟的重大政策資訊，可以由經濟部的網站得知（圖4-2-7），投資人可藉此提早知道政府產業的規劃布局，並參與相關產業類股的投資。例如，因為全球人口老化，未來對醫學照護的需求與日俱增，也同時激勵生技類股的產業發展，近幾年不僅美國生技股大漲一波，台灣也於2009年成立財團法人國家生技發展策進會，整合產官學及立法院機構，促進台灣生技產業的發展。即便因為新藥開發及實驗認證耗費多時，許多的生技公司並沒有明顯的營收效益，台股的生技類股仍然同時大漲一波（圖4-2-8）。

圖4-2-7　中華民國經濟部重大政策公告

網址：http://www.moea.gov.tw/

圖4-2-8 2009年至2014年生技類股走勢

開 92.24 高 97.20 低 90.33 收 95.51 量 50608.23 漲跌 3.45
MA5 87.14▲ MA20 77.10▲ MA60 71.73▲

95.51

MACD 2.14▲ DIF9 4.00▲ EMA12 82.98▲ EMA26 78.98▲

2.14

2007/07 2009/01 2011/01 2012/05 2013 10/31

資料來源：雅虎奇摩

　　投資人除了主動查詢官方網站公告的資訊和研究外，也可參閱報章媒體的即時報導或是專欄討論，投資人只要將相關類股的標的，施以技術分析的專業評估（詳細介紹於第三章），如果股價呈現多頭走勢，就可以考慮進場投資。

另一個全球共同財政政策──富人稅

　　以上內容詳細解釋了經濟的高低循環，除了與緊縮和寬鬆的財政政策和貨幣政策緊密連動外，全球未來都會面臨到一個共同

的問題，就是「人口的減少和老化」。

　　除了積極地推動鼓勵生育政策外，為了面臨未來可能因為年輕人的納稅不夠支付老人退休及養護的資金缺口，歐美各國皆開始尋求財務資金的來源，例如延緩退休年齡，或是向富人課徵「富人稅」。

　　以台灣為例，在房屋買賣上課徵奢侈稅，或是證所稅恢復課徵及股利股息加徵健保稅，甚至於為了健全財政及貧富差距，立法院財政委員會在2014年5月1日初審通過所得稅法及營業稅法修正草案，預計國庫每年約可增加633億元稅收。

　　其內容要點在於提高富人稅率，並且降低上班族、身障家庭或部分弱勢及低收入的稅賦。其中針對所得淨額超過1,000萬元者，增加45%此一課徵級距，預估可增加99億元的稅收。在兩稅合一上，股東的獲配股利可扣抵稅額降為50%，預計可徵收505億元；加上金融保險營業稅的調整等，扣除了減少的稅賦金額（提高薪資及身障特別扣除額、放寬研發投資抵減年限、中小企業增僱薪資減除等），預計每年稅收可增加633億元，至2115年可達852億元。

　　然而，上有政策，下有對策，這樣預定的增稅計畫在2014年的除權息行情已經有部分反應於股價上。事實上，許多公司今年開始提高股利的發放，或是退回現金股利給股東，進行公司減資，提早因應未來稅賦政策的改變。藉由減資，還可以提高每股

盈餘，而反映在股價的上漲空間，投資人若是了解這些攸關未來趨勢的政策，相信有助於投資機會的發現。

把握政策發酵期，獲取波段收益

　　基本上，各國的財政政策和貨幣政策會依循主要國家（美國）的政策方向做調整，而這些政策的發布實施到影響股市約3至6個月，投資人要注意第一次實施的時機和轉折點，搭配經濟指標的變化，就能掌握住多空的轉折點，而獲取大波段的投資收益。

　　例如，2008年金融風暴後至2009年3月，美國開始實施第一次的QE量化寬鬆政策，台股也約莫於那時間由空轉多，經濟指標中的M1B和M2呈現黃金交叉，代表台股資金動能充沛，而後數次的寬鬆政策，更將台股指數由2009年3月低點4,328點，漲至2011年2月最高點9,220點。

　　隨後，歐債危機觸動了全世界的經濟動盪，造成台股指數下跌至2011年12月底6,609點的低點後，最後由歐洲央行及德國的協助，暫時度過危機。與此同時，美國仍持續QE3至QE4的政策，因此台股在資金的動能支撐下，仍呈現多頭走勢（圖4-2-9），直到升息政策出現後，波動加大。

　　以上實例清楚說明政府財政及貨幣政策對台股的影響，而接

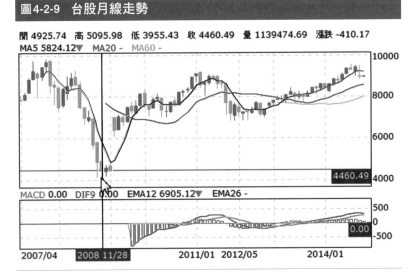

圖4-2-9　台股月線走勢

資料來源：雅虎奇摩

下來的方向，則必須密切注意美國的動態，以什麼方式緊縮資金，或是利率的調高時機點，就能掌握未來台股的趨勢和操作方式。

　　投資新手在分析多樣的政策內容上可能有所困難，建議依照下表（表4-2-3），簡化這些判讀的過程。通常政策的發酵期約3至6個月，當政策一出台的時候，先判斷是緊縮還是寬鬆的政策，並區分此政策是短期、中期或長期的影響。

　　若此利多政策股市以大漲反應，投資人可以順勢操作，反之若利多下跌，則要考慮是否是轉折點出現。假設是緊縮的政策，

股市因此利空大跌，則投資人不宜反向操作搶短；若是發現利空不跌了，趨勢可能反轉的機率提高，投資人不需要想得太複雜，試圖去分析政策的內容。

　　表4-2-3的分析方法也可運用在個股的新聞或是基本面變化對股價的反應，搭配技術分析的專業判斷，亦可以輕鬆掌握操作轉折點。

表4-2-3　政策出台後的操作建議

財政或貨幣政策出台	寬鬆政策	利多大漲	順勢操作
		利多不漲	觀察
		利多下跌	反向操作
	緊縮政策	利空大跌	順勢操作
		利空不跌	觀察
		利空大漲	反向操作

4-3

經濟指標，魔鬼細節

　　大部分投資人每天在乎的只是大盤股價漲跌幾點？手中的標
的有沒賺錢？往往忽略了影響大盤走勢及股價漲跌的總體經濟環
境。

　　簡單說，總體經濟好的時候，股價易漲難跌。反之，例如
2008年金融風暴來臨，即便是台積電這樣的績優股，股價還是
打6折。所以，如何判斷經濟環境的好壞，就得靠經濟指標的觀
察。經濟指標到底有多重要？而它代表什麼意義呢？簡單來說，
經濟指標就像我們感冒發燒的症狀和指標作用，例如當我們快感
冒的時候，大部分會咳嗽、喉嚨痛或流鼻水，如果我們不多喝水
和休息，身體就會發出「發燒」的警訊，此時就要快去看醫生吃
藥，我們當然很快就康復；如果醫生沒有對症下藥，就可能導致
更嚴重的肺炎，甚至危及生命安全。

　　在自由市場下，政府就是擔任醫生的職責，而經濟指標就是
反映經濟變化的症狀。當經濟稍微打噴嚏時，如果經濟指標並沒

有太過惡化，通常政府會觀望，讓經濟自由運作康復，但是如果遇到2008年時經濟指標的惡化，政府就得快速出手醫治，運用貨幣政策和財政政策對症下藥，避免整體經濟因傷害而瓦解。事實上，全世界政府為了2008年的金融風暴，下了過重的藥劑（貨幣寬鬆），未來都還是要付出代價。不過，無論代價為何，投資人只要密切觀察經濟指標的變化，就可以躲過下次的風暴。

經濟指標的種類相當多，大部分投資人可能看了就傻眼。實務上的運用，當然不需要了解這樣多，這就如同我們從小到大學了數學或微積分，但買東西根本不須人腦算，也用不到過去學的高深學問一樣。因此，本章節會針對媒體上常見的總經指標，介紹其定義及如何觀察判斷和運用，只要能抓住幾個領先指標，就有助於景氣走勢的判斷，幫助投資人趨吉避凶。

看故事，一次搞懂重要經濟指標

大部分投資人看到外銷訂單指數、貨幣總計數（M1B、M2）、匯率、利率及通貨膨脹率等等數據，可能已經昏昏欲睡了。為了貫徹本書宗旨，讓文章內容要淺顯易懂，保護善良的投資人不再太傻、太天真盲目地追逐金融泡沫，最終卻遭金融海嘯的吞噬。以下的故事簡單舉例說明，讓你一次搞懂重要的經濟指標。

假設小王夫婦是月收入是60,000元的雙薪上班族，銀行帳戶存款20萬元，擁有一個小小的房子，但是每個月要付20,000元房貸

（這是根據專家建議，房貸不要超過所得的1/3，不過看這貸款數字，戶籍肯定不在台北市）。此外，還得給父母每個月5,000元，已經有一個孩子的他們，考慮再生一個，但如此一來，孩子保母費加上幼稚園花費要30,000元，天啊！不吃不喝也只剩5,000元！

好吧，維持一個孩子就好，扣除生活費15,000元，每個月還能存5,000元。如果工作業績好，老闆還會給業績獎金，這筆獎金可以來買些時尚3C產品和老婆最愛的進口化妝品，犒賞自己也巴結辛苦的老婆。

但是如果有一天，小王發現房貸要多繳1,000元（利率上升），老婆又懷孕了，要買點營養品補補，怎麼東西都變貴了（物價上漲），因為原物料成本上升，妹妹的奶粉也漲了，每個月生活支出超過原來的預算，每個月還要從存款帳戶中，拿出2,000元貼補家用。存款帳戶的錢越來越少（貨幣總計數M1B下降），更慘的是，老闆說國外客戶下單減少（外銷訂單減少），所以原先等待業績獎金的補貼泡湯了，這下不用買心儀已久的智慧型手機了！最近台幣又貶值，老婆喜歡的進口化妝品也變貴了，本想買整套的禮盒送老婆，就買條口紅意思一下吧！

反之，若發現利率逐步下降、東西變得便宜了（通貨膨脹控制中）、妹妹的進口奶粉降價了（台幣升值），且老闆說外銷訂單開始增加了，獎金有著落囉！還拿到史無前例的3,600元消費券，算一算，銀行存款變多了（貨幣總計數M1B增加），相信小王一定有錢開始消費，經濟也因此變得活絡。

　　以上的故事說明經濟指標的變化與日常生活習習相關，同時依循景氣的循環，周而復始地發生。

　　懂得以上介紹的主要經濟指標，藉以觀察景氣的變化，搭配技術分析，相信更能了解股市的脈動。例如，當大盤指數雖於低檔徘徊，但是經濟指標逐漸轉好（連續2至3個月），投資人再以技術分析加以判斷，相信將能掌握先機。反之，若大盤於高檔整理，而經技術分析後，再參考經濟指標皆非樂觀，是否需提早獲利出場，了然於心。

　　簡單以範例了解經濟指標變化造成的結果，接下來將介紹在投資市場中，我們常常看到的一些指標定義及實務的運用（圖4-3-1）。這些指標的變化都會影響到政府政策的調整，進而影響到股市的方向。

圖4-3-1　常用的經濟指標

時間	地區	項目	重要性	前值	市場預估	結果	前值修正
08/07 09:30	澳大利亞	<7月>失業率	高	5.8%			
08/07 15:05	西班牙	<6月>工業生產(年增)	中	4.8%			
08/07 16:00	台灣	<7月>貿易餘額(美元)	高	53億			
08/07 18:00	德國	<6月>工業生產(月增)	低	0.2%			
08/07 19:00	英國	央行(BoC)公佈<8月>利率決議	高	0.5%			
08/07 19:45	歐元區	<8月>央行(ECB)關鍵利率決議	高	0.15%			
08/07 20:30	加拿大	<6月>營建許可(年增)	低	1.1%			
08/07 20:30	美國	上週首次申請失業救濟人數<08/02>	高	31.2萬			
08/07 20:30	美國	上週連續申請失業救濟人數<08/02>	高	268萬			
08/07 22:00	加拿大	<7月>Ivey採購經理人指數	中	48.2			
08/08 03:00	美國	<6月>消費信貸(美元)	高	268億			

資料來源：鉅亨網

景氣指標：領先指標、同時指標及落後指標

　　景氣指標包括了「景氣領先指標」、「景氣同時指標」及「景氣落後指標」。這些指標每個月會由國家發展委員會編製並定期發布（表4-3-1）。

表4-3-1　景氣指標

景氣領先指標	景氣同時指標	景氣落後指標
• 景氣領先指標綜合指數 • 景氣領先指標6個月平滑化年變動率 • 外銷訂單指數 • 貨幣總計數 M1B • 股價指數 • 製造業存貨量指數 • 工業及服務業每人每月加班工時 • 核發建照面積（住宅類住宅、商業辦公、工業倉儲） • SEMI半導體接單出	• 景氣同時指標綜合指數 • 景氣同時指標循環波動 • 工業生產指數 • 電力（企業）總用電量 • 批發零售及餐飲業營業額指數 • 非農業部門就業人數 • 海關出口值 • 機械及電機設備進口值 • 製造業銷售量指數 • 商業營業額	• 景氣落後指標綜合指數 • 景氣落後指標循環波動 • 失業率 • 工業及服務業經常性受僱員工人數 • 製造業單位產出勞動成本指數 • 金融業隔夜拆款利率 • 全體貨幣機構放款與投資 • 製造業存貨率

資料來源：國家發展委員會（http://index.cepd.gov.tw）

領先指標

　　景氣領先指標顧名思義就是具有領先景氣變動的性質，先於

經濟轉折點前發生，可以提早預測未來景氣的變動。台灣的領先指標有7種：外銷訂單指數、實質貨幣總計數、股價指數、製造業存貨量指數、工業及服務業加班工時、核發建照面積（住宅、商辦、工業倉儲）及SEMI接單出貨。例如，當領先指標中的外銷訂單增加，意味著接下來工廠就會要加班，而使員工所得增加，或是因為缺工而降低失業率。若是外銷訂單減少，結果剛好顛倒，這些因果循環的原因可以簡單地推理出來。

同時指標

　　同時指標反映當時的景氣狀況，與景氣循環轉折點同步發生。包括：工業生產指數、電力（企業）總用電量、非農業部門就業人數、海關出口值、機械及電機設備進口值、商業營業額，及製造業銷售量指數。例如先前的領先指標訂單增加，工廠加班就會導致同時指標的電力（企業）總用電量跟著增加。

落後指標

　　落後指標就是已經反映了前先利多或利空的先行或同時指標的結果，台灣的落後指標包括6項：失業率、工業及服務業經常性受僱員工人數、製造業單位產出勞動成本指數、金融業隔夜拆款利率、全體貨幣機構放款與投資，及製造業存貨率。延伸先前

的範例，訂單增加之後要加班或缺工，落後指標中的失業率當然
會降低。

影響股市資金動能的因素

　　總計20幾項的經濟指標，投資人真的必須都要清楚明白
嗎？實務上是不需要的。

　　首先我們必須知道影響股市的資金動能來源，資金充沛，股
市才能漲，資金若缺乏，再績優的公司股價也是跌。股市資金的
來源簡單分三類（圖4-3-2），第一是我們賺來的，第二是外國
資金的匯入，第三是政府釋放的資金。

　　跟第一類有關、常用的經濟指標包括：外銷訂單指數、工業
生產指數及失業率。假設投資人發現連續外銷訂單和工業生產指
數都增加，且失業率降低，可以推估我們賺到更多錢，股市就會
續漲。

　　第二類資金來源可以藉由觀察匯率的變化來判斷，例如台幣
持續走升，意味著可能是外國資金的匯入，或是台商及投資人海
外資金的回流。相反地，台幣走貶可能就代表資金的匯出，要小
心股市的資金相對被影響。

　　第三類由政府主導的資金來源，就可以觀察央行的利率及貨
幣政策，基本上，調升利率會降低股市資金的動能，調降利率可
以提高股市的資金供給。

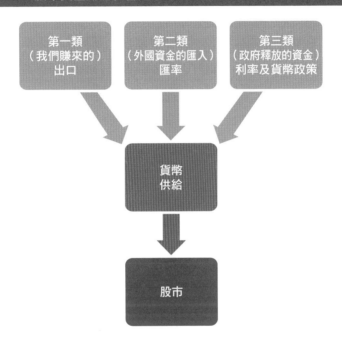

圖4-3-2　股市資金動能影響因素

貨幣供給成長越多，股市資金動能越強

　　以上三類資金的變化會反映在貨幣供給的數字，簡言之，當貨幣供給成長越多，股市資金動能越強，股價指數當然會上漲。反之，當貨幣供給減少，資金動能降低，股市就會下跌。

　　貨幣供給的數字最常用到是M1B和M2，通常投資人看到這兩個英文字也是分不清到底是何意，其實定義很簡單：

M1B＝M1A（通貨淨額＋支票存款＋活期存款）＋活期儲
蓄存款

M2＝M1B（通貨淨額＋支票存款＋活期存款＋活期儲蓄存
款）＋定期存款＋定期儲蓄存款＋郵匯局轉存款

簡單說明：假設你的錢只分玩股票帳戶的錢（M1B）和定
存（M2）兩種，M2若是增加，表示把玩股票的錢拿去做定存
了，這樣懂了吧！如果玩股票的錢（M1B）一直減少，都把錢
拿去做定存（M2）了，股市沒錢了，當然就下跌。反之，若
M1B持續成長，股市資金動能就源源不絕。

匯率、利率、貨幣供給如何影響股市指數

下文以2008年金融風暴時，貨幣供給、匯率及利率的變
化，解說資金動能下降後，台股的後續發展。類似的推論可以運
用在未來對景氣的評估。

M1B、M2的死亡交叉與黃金交叉

2007年12月，M1B年增率跌破M2年增率，形成死亡交叉
（圖4-3-3），台股指數則從8,586點走跌，預告資金動能逐漸退
燒；簡單來說，大戶已經不玩了，把錢拿去存定存了。

　　投資人可以觀察，若M1B年增率數字不再創新低，且開始
上升並持續3個月，而同時M1B年增率又穿過M2年增率，形成
黃金交叉（圖4-3-3的2009年3月），投資人就可以開始準備進
場買股票了。此時最好以績優股或好公司的公司債做為投資首
選，除非股市成交量開始放大，且站上重要關卡，否則不建議積
極買進；建議等到人氣回潮，主流強勢股出現表態，再開始加碼
操作。

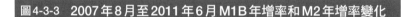

圖4-3-3　2007年8月至2011年6月M1B年增率和M2年增率變化

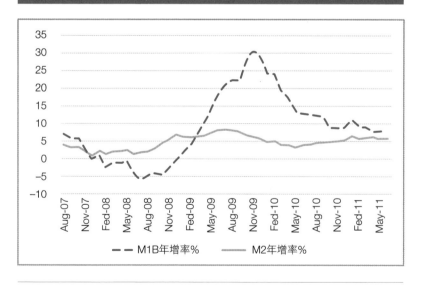

資料來源：資料來源：中央銀行全球資訊網（http://www.cbc.gov.tw）

M1B年增率變化與操作方式

　　要特別注意的是，當M1B年增率若連續3個月降低，特別是由正轉負時，且大盤指數於高檔振盪，例如2007年7月至2007年9月，從10.19%降至5.67%（表4-3-2），2008年1月由1.11%降為2008年2月的–2.42%，投資人就可以考慮把現股部位全數賣出，用10%至20%的資金以權證代替現股操作，避免資金部位曝險過多。

　　當M1B年增率若連續3個月增加，特別是由負轉正時，如2008年12月由–0.81%上升至2009年1月2.11%，且連續增加3個月，此時投資人可以考慮買進績優股票，等趨勢明顯表態後再加碼。而2009年兩位數的增長率，是因為之前基期較低，不具參考性質。

利率、匯率與股市走勢的關係

　　政府運用貨幣政策和財政政策來控制市場上的錢，如果股市一直漲，景氣有過熱之慮，央行就會調高利率把錢收回來。相反地，擔心持續不景氣，就會採取貨幣寬鬆政策，例如降低利率以刺激錢流入市場，但是利率的調整不會立即生效。

表4-3-2　2007年8月至2011年6月M1B年增率和M2年增率變化

時間	M1B年增率 （%）	M2年增率 （%）	時間	M1B年增率 （%）	M2年增率 （%）
Jul-07	10.19	4.59	Jul-09	21.38	8.35
Aug-07	7.03	4.07	Aug-09	22.4	7.98
Sep-07	5.67	3.33	Sep-09	22.32	7.63
Oct-07	5.9	3.4	Oct-09	27.8	6.83
Nov-07	2.4	2.15	Nov-09	30.51	6.33
Dec-07	−0.03	0.93	Dec-09	28.92	5.74
Jan-08	1.11	2.15	Jan-10	24.18	5.03
Feb-08	−2.42	1.43	Feb-10	24.23	4.88
Mar-08	−0.9	2.16	Mar-10	19.03	4.03
Apr-08	−1.3	2.29	Apr-10	17.38	3.95
May-08	−0.54	2.5	May-10	13.14	3.4
Jun-08	−4.1	1.46	Jun-10	12.84	3.99
Jul-08	−5.91	2	Jul-10	12.29	4.17
Aug-08	−4.43	2.22	Aug-10	12.25	4.73
Sep-08	−4.04	3.12	Sep-10	11.79	4.72
Oct-08	−4.74	4.55	Oct-10	8.84	4.88
Nov-08	−2.81	5.51	Nov-10	8.79	5.15
Dec-08	−0.81	7	Dec-10	8.99	5.34
Jan-09	2.11	6.19	Jan-11	10.98	6.37
Feb-09	3.46	6.26	Feb-11	9.03	5.84
Mar-09	7.27	6.64	Mar-11	9.09	5.93
Apr-09	10.08	6.72	Apr-11	7.66	6.19
May-09	14.27	7.53	May-11	8.02	5.73
Jun-09	17.94	8.2	Jun-11	7.38	5.86

資料來源：中央銀行全球資訊網

　　2008年5月，台股指數開始急速下跌到11月的4,510點時（圖4-3-4），央行才開始調整利率，由2008年10月的4.443%（基準放款利率），降到2009年11月的2.59%。通常當央行決定要調降利率時，約3至6個月大盤指數才會落底，因此剛調降利率時，投資人勿冒然搶進股市。

圖4-3-4　2007年8月至2011年6月股票市場股價指數和基準放款利率走勢

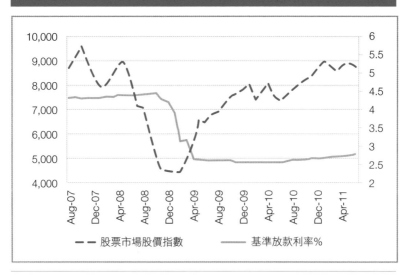

資料來源：中央銀行全球資訊網

　　由圖4-3-5顯示，2009年2月時，台幣匯率貶值至最低點34.95元時，台股指數亦跌到4,477點，之後台幣匯率一路走升到2011年6月28.80元時，台股指數也上漲至8,749點。

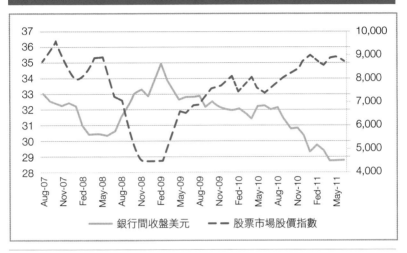

圖4-3-5 2007年8月至2011年6月股票市場股價指數和銀行間收盤美元走勢

資料來源：中央銀行全球資訊網

　　不過，股市和匯率相對應的關係不太適用於日本，主要原因是日本人口老化程度相當嚴重，因此當這些退休老人把海外資產匯回國內後，寧可擺在銀行，也不願再做風險性較高的投資。若台灣人口結構持續老化，相同的情況很可能也會發生在台灣。

經濟指標搭配技術指標，萬無一失

　　由以上2008年金融風暴前後的匯率、利率及貨幣餘額的變化，清楚地說明如何影響股市指數的走勢，同樣的分析方式也可

以運用在其他國家的股市。這些經濟指標的變化，除了可以從一些財經網站得知外，新聞也都會發布，例如中國製造PMI連續5個月的回升新聞，敏感度較高的投資人早在連續3個月指標回升時，就可能準備進場布局該市場的投資。同時搭配第二章節的技術指標的分析，2014年5月中旬日線KD及MACD出現低檔背離的轉折訊號（圖4-3-6），經過3個月的打底後，指數突破季線並且上漲至年線，均線排列呈現多頭走勢。投資人搭配經濟指標的轉好，就可以加碼布局。

中國官方7月製造業PMI為51.7%，連續5個月回升

鉅亨網新聞中心，2014-08-01

中國國家統計局1日公布，7月製造業PMI為51.7%，連續5個月回升。以下為發布內容：

2014年7月，中國製造業採購經理指數（PMI）為51.7%，比上月上升0.7個百分點，連續5個月回升，表明我國製造業穩中向好的趨勢更加明顯。

圖4-3-6　上證指數走勢

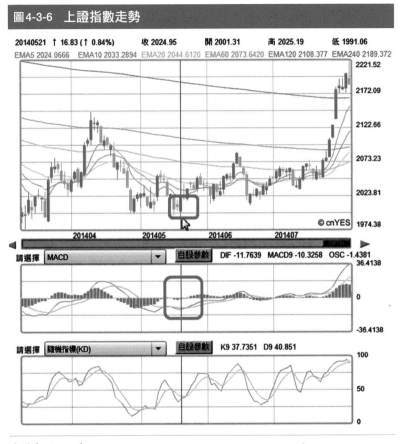

資料來源：鉅亨網

第五章

只要 10 分鐘，
抓出潛力股

　　經由前文對四大招式精要且反覆舉例的說明，想必你已經知道該如何運用專業，選出具潛力的標的。

　　基本上，可以依據投資的習性及週期來選擇不同的標的，假設投資人較保守且投資週期較長，就要注意標的「基本面」分析；短線投資人就要對於「技術面」多加琢磨，運用技術指標掌握進出場的最佳點。而希望能將報酬最大化，「籌碼」的考量決定是擺首位，勝券在握，不賺也難。

　　表1列出了相當豐富的選股條件，例如，基本面的選股包含了標的財報中的ESP、本益比、毛利、營收成長、營益率、淨值變化、資產報酬、股本大小等條件的篩選。

　　技術面包含了成交量或成交價創5日新高、KD及均線黃金交叉、價量表態的漲跌幅排行。

　　而籌碼面除了篩選出主力、投信、自營商及法人的買賣超外，還有融資融券的變化、董監事持股比例變化，及當日沖銷的個股標的。這些詳細的分類皆為免費的資訊，都可以為投資人選擇標的的參考意見。

　　如果你屬於自主性較強的投資人，券商也提供了可以自行量身訂做的盤後選股軟體。圖2的軟體提供了基本面、技術面及籌碼面的制式選股外，也讓投資人自行勾選所需要的條件，做綜合評估。此外，針對盤中價量表態的漲幅排行強勢股，或是跌幅排行的弱勢股，券商也提供了即時的選股軟體，來幫助投資人快速篩選出合適的潛力標的（圖3）。

表1　基本面、技術面及籌碼面選股條件

基本面	技術面	籌碼面
• Beta值大於1.2的個股 • Beta值小於0.9的個股 • 以期末股本計算近四季單季EPS都超過0.3元的股票 • 近二年每年EPS都超過2元的股票 • 今年以來累計每股盈餘超過1.5元的股票 • 本益比低於10的股票 • 最近一個月的月營收創新高個股 • 最近一個月的營收較去年同期成長超過20%個股 • 每股營收超過30元的股票 • 今年以來累計營收比去年同期成長超過25%的個股 • 每股淨值要超過20元的個股 • 股價淨值比低於1倍的個股 • 股價淨值比低於10倍的個股 • 股票是總市值低於5億元的個股 • 股本超過100億元的個股 • 股本低於5億元的個股 • 資產報酬率要超過5%的個股 • 股票股東權益報酬率要超過5%的個股 • 最近一季毛利率超過20%的個股 • 最近一季毛利率比去年同期增加超過5%個股 • 最近一季營益率比去年同期增加超過5%個股 • 負債比例低於25%的個股 • 最近四季合計每股盈餘超過1元的股票 • 最近一個月的營收較前一月成長超過20%的個股 • 總市值超過100億元的個股 • 最近一季營益率超過10%個股	• 股價創5日新高個股 • 成交量較5日均量增加20%個股 • 上市量大個股 • 上櫃量大個股 • 6日RSI向上突破25的個股 • 9K突破9D個股 • 9K低於20且向上反轉的個股 • MACD向上突破的個股 • 5MA突破10MA的個股 • 寶塔線翻紅個股 • 上櫃成交金額大個股 • 股價創半年新高個股 • 上市漲幅大個股 • 上櫃漲幅大個股 • 上櫃量增大排行 • 上市成交金額大的個股 • 10MTM由負轉正個股 • 上市量增大排行 • 技術指標買進訊號個股	• 上市主力買超個股 • 上櫃主力買超個股 • 上市投信買超個股 • 上市自營商買超個股 • 上櫃自營商買超個股 • 上市券資比高個股 • 上櫃券資比高個股 • 上櫃單日融資使用張數減少最多個股 • 上市單日融券使用張數增加最多個股 • 上櫃單日融券使用張數增加最多個股 • 上市資量比增加個股 • 上櫃資量比增加個股 • 近一週保庫存減少的個股 • 近二日融券增加的個股 • 上市融資減少張數多的個股 • 上櫃融資減少張數多的個股 • 上市券量比增加個股 • 上櫃券量比增加個股 • 上市融券增加多的個股 • 上櫃融券增加多的個股 • 融券使用率超過5成的個股 • 董監持股高的個股 • 董監持股低的個股 • 上市外資買超個股 • 上櫃外資買超個股 • 上櫃投信買超個股 • 上市單日融資使用張數減少最多個股 • 近二日融資餘額減少個股 • 當日沖銷比前一日多3%以上的個股 • 當日沖銷量占成交量15%以上的個股

資料來源：統e證期網

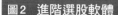

圖2　進階選股軟體

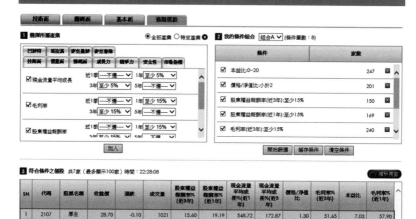

資料來源：統一權證網

圖3　盤中即時選股

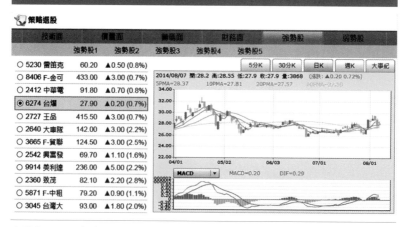

資料來源：日盛權勝網

投資人可以利用這些方便好用的選股軟體，依據基本面、技術面及籌碼面，甚至盤中即時的漲跌幅價量表態的標的，從中選出最合適的潛力股。

不過，更多投資人的障礙是：看到標的了卻不懂如何評估？如何規畫未來的進出？接下來的內容會詳細解釋，投資人可以利用建議的內容，化繁為簡，就能快速分析未來的趨勢及投資的策略。

表2說明以基本面、技術面及籌碼面篩選出標的後，進一步的觀察重點為何。只要花上10分鐘判斷，你一定能成為快速掌握轉折，多空皆贏的股市高手！

總經面主要是判斷股市資金是否持續維持充沛，例如：出口成長持續，利率政策中立，沒有資金緊縮的可能，匯率若也持續走升，這樣就能推導出貨幣供給肯定增加，當然股市投資就有機可乘。經濟面的數字除了匯率每天的變動外，其他的數字大約是每月公告一次，因此投資人只要定期分析，就可以判斷3至6個月的趨勢方向。

基本面分析包括：該標的是否具備題材面支撐、股本大小、月營收的成長及每年股利的分配。這些資料都不難蒐集，看盤軟體或是一般財經網站都有提供免費的資料，分析的重點就是要確定選擇標的的基本面支撐，例如想要找到利多飆股，就必須有題材加持和股本小的利基。

技術面的分析是為了更確定進場時機是否合宜，書中介紹許

表2　10分鐘掌握多空轉折

	分析內容	判斷重點
總經面	出口成長	連續三個月創新高或新低，還有正負成長的轉折處，都是股市趨勢變化的指標
	利率	央行的利率政策是緊縮還是寬鬆趨勢，判斷資金是否回收或是釋出
	匯率	匯率的升貶和外資動態密切關連，連續三個月走升或走貶，搭配股價相對高低點技術面轉折，可判斷未來趨勢轉折確定
	貨幣供給	連續三個月成長率高低轉折，還有成長率正負轉折點，搭配大盤週線中長期技術指標是否轉折，可以幫助趨勢轉折的確定
基本面	題材	搜尋相關新聞，分析題材發酵週期長短來決定操作的週期
	股本	股本越小，籌碼越集中，股價飆漲機率越高
	營收成長／月	注意連續三個月的營收狀況，注意低檔及高檔轉折機會及風險
	股利	穩定的現金殖利率，支撐長期投資
技術面	均線排列	區分中期（週線）及短期（日線）均線排列，掌握中期起漲及下跌的轉折點，獲利空間最大
	MACD	零軸上或下的多空頭趨勢判斷，柱狀體（OSC）正負轉折進場點
	KD	黃金交叉及死亡交叉進出場點
	背離	股價與任何指標的背離，反應趨勢轉折的訊號
籌碼面	外資	判斷三大法人及主力誰才是該標的幕後的主要操盤者？連續買超及賣超時，股價相對位置是否為技術面高低檔的轉折點？
	投信	
	自營	

多技術指標，可以自行選擇，表格內僅選取3項指標，包括：均線排列、MACD、KD值，及觀察背離狀況。新手若能確定多空方向且順勢操作，較不會受傷。例如，作多的投資人選擇中期及短期均線排列都呈多頭排列，且尋找MACD柱狀體（OSC）負轉正，紅柱第一根增加，加上KD值指標黃金交叉，這樣的技術面進場訊號，基本上都可以有波段的獲利。其次，股價上漲創新高是否可以持續追高買進？搭配觀察股價是否和指標有背離的警訊，就可以趨吉避凶。

　　最後評估籌碼面，包括三大法人及主力，主要評估籌碼由誰掌握？買賣超數量及時間長短，搭配標的股價相對的位置，就能判斷籌碼的穩定性及轉折變化。

　　投資人想要反轉逆勢、成為常勝軍，一定要確實完成這樣的綜合評估。

5-1

基本面選股的操作策略

　　標的若是有基本面的支持，股價通常都會有週期較長的強勢走勢，原因在於，大部分法人的選股邏輯是以基本面考量為優先，特別是外資的選股，基本面表現不優的標的，通常很難雀屏中選。

　　基本面吸引了法人籌碼的加持，技術面當然就會呈現多頭的走勢，甚至成為台股的股王股后。然而，造成這些經典的範例轉折，除非基本面有明顯的改變，否則大都持續多頭的趨勢。

　　接下來，將以曾為股王三千金的大立光、TPK及宏達電基本面及股價的變化，說明基本面選股的標的該如何判斷股價走勢。

大立光：營收動能續強，注意技術面短線漲幅

　　大立光的主要業務是光學鏡片，股本僅有13億元，歷年平均毛利率始終保持大於40%，稅後利益率也至少有20%，至

2014年第二季財報數字屢創新高，毛利率高達58.2%，稅後利益率也達37.31%，ROE（股東權益報酬率）為11.15%。

　　突出的基本面表現吸引了穩定的法人籌碼（圖5-1-1），使得股價自2009年300元左右，上漲至2014年7月中最高點2,635元（圖5-1-2）。

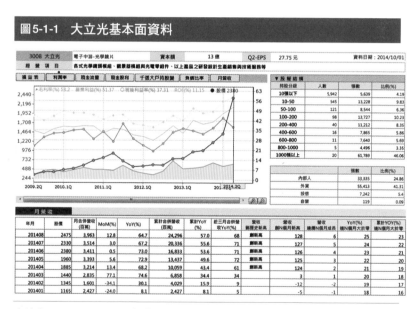

圖5-1-1　大立光基本面資料

資料來源：CMoney理財寶「權證好好玩」

圖5-1-2 大立光日線股價走勢

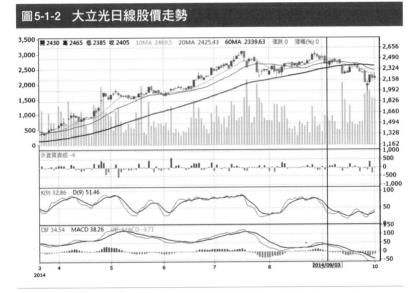

資料來源：CMoney理財寶「權證好好玩」

　　如果你在此時選擇大立光標的，未來的操作策略該如何評估呢？你可以利用以下的評估表（表5-1-1），將參考數字填寫上。

　　投資人多花幾分鐘了解相關的資訊後，搭配前面章節所教導的判讀方法，就能快速地評估未來的方向。

　　在總經面的評估，2014年上半年的出口狀況尚樂觀，匯率穩定升值且貨幣供給充足，維持著股市的多頭氣勢，因此投資人在此階段順勢操作為佳。

表5-1-1　2014年10月大立光投資評估表

	分析內容	結果			評論
總經面	出口成長	年成長率增加，但是PMI指數下降			國內經濟面尚可，資金面充足，注意外資是否將資金轉出及貨幣供給成長率的變化
	利率	寬鬆轉中立			
	匯率	30.4元			
	貨幣供給	仍為正成長，但是逐漸減少			
基本面	題材	手機鏡頭需求持續			持有產業競爭力，股本小，且配股穩定，但是注意營收成長YoY第三季後注意是否續強
	股本	13億元			
	營收成長／月	年月	MoM (%)	YoY (%)	
		2014/8	12.8	64.7	
		2014/7	3.0	67.2	
		2014/6	0.5	73.0	
	股利	2012年17元 2013年28.5元			
技術面	均線排列	週線：5MA＞10MA＞20MA 日線：5MA＜10MA＜20MA			中期趨勢因為9月週線出現長黑K，多頭走勢堪慮，短線日K一跌破月線及季線，投資人多頭操作須小心，注意趨勢轉折的風險
	MACD	9月中旬跌至零軸下			
	KD	20至50區間			
	背離	7月中股價創新高，OSC買方動能背離			
籌碼面	外資	外資持股41.31%			主要法人為外資，第三季三大法人買盤降低，需繼續觀察其基本面的變化及外資動態
	投信	投信持股5.4%			
	自營	自營商持股0.09%			

　　而大立光的產業水準毫無質疑地維持高競爭力，股本小且籌碼集中於外資法人，營收成長動力續強；唯在技術面短線漲幅已大，KD值高檔且MACD的柱狀體（OSC）減少，新手進場最好等回檔整理好，指標如2014年6月18日KD黃金交叉，且MACD的柱狀體（OSC）由負轉正時，則是好時機。

F-TPK：觀察月營收成長及外資買賣超動態

　　F-TPK為電子中游，主要業務為生產觸控面板，過去曾和大立光及宏達電同為台股三千金，然而，由於業務過度集中依賴單一客戶（蘋果）的下單，當智慧型手機成長逐漸飽和及主要廠商的轉單後，公司的基本面營收數字每況愈下（圖5-1-3），從2011年第二季毛利率還有19%、稅後利益率11.36%及ROE（股東權益報酬率）仍有18.73%，下滑至2013年第四季毛利率為7.22%，稅後利益率–3.53%及ROE（股東權益報酬率）–3.25%，股價自最高點875元，跌至176元，打了近二折。

　　直到2014年第一季，毛利率逐漸回升至10.03%，稅後利益率0.64%及ROE（股東權益報酬率）0.37%轉虧為盈，同時4G手機的換機需求，支持股價反彈回升至2014年7月的305元。但是第二季毛利率下降至8.92%，於是股價反彈無力，回檔整理。

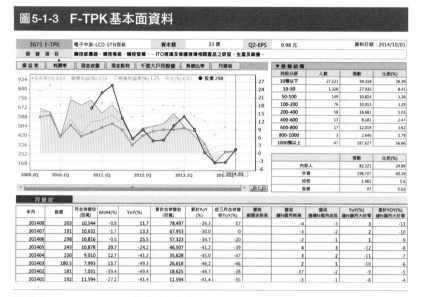

圖5-1-3　F-TPK基本面資料

| 3673 F-TPK | 電子中游-LCD-STN面板 | | 資本額 | 33 億 | Q2-EPS | 0.98 元 | | 資料日期：2014/10/01 |

資料來源：CMoney理財寶「權證好好玩」

　　這是一檔典型的因為基本面的改變而導致股價的轉折，有趣的是，大股東「早知道」而在700多元高價區賣出相當多的股權，但是投資人如果以書中所教導的技術分析專業的均線理論，股價雖然跌深反彈至590元，從週線的均線排列來看（圖5-1-4），多轉空是在2013年6月，股價跌破20週均線（20MA），投資人就不要逆勢操作，至少等到股價站上20週均線（20MA）再看多。運用簡單的技術分析就可以自我保護了。

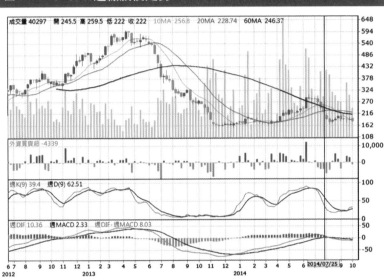

圖5-1-4　F-TPK週線股價走勢

資料來源：CMoney理財寶「權證好好玩」

　　接下來，整合基本面、技術面及籌碼面的分析（表5-1-2），判斷未來的投資策略為何。F-TPK於2014年有4G手機的出貨利基，2014年第二季的營收年成長率由–41.2%，成長到25%，但是第三季似乎成長下降，投資人要持續注意月營收的成長減少，基本面的動能需要再觀察，若無持續成長，股價上升力道將受影響。

表5-1-2　2014年10月F-TPK投資評估表

	分析內容	結果			評論
總經面	出口成長	年成長率增加，但是PMI指數下降			國內經濟面尚可，資金面充足，注意外資是否將資金轉出及貨幣供給成長率的變化
	利率	寬鬆轉中立			
	匯率	30.4元			
	貨幣供給	仍為正成長，但是逐漸減少			
基本面	題材	4G手機換機需求			4G的出貨需求讓業績可能有所支撐，但是電子產業下半年的業績可能有所影響，雖然2014年第二季營收YoY由負轉正，但是MoM有減少的傾向，且第三季的基本面成長衰退，股價上漲的動能需要實質業績營收的提升。此外股利的分配因營收的劇減而下降，除非產業競爭力有明顯的改革，否則不太適合長期的持有
	股本	33億元			
	營收成長／月	年月	MoM (%)	YoY (%)	
		2014/8	−0.8	11.7	
		2014/7	−1.7	−13.3	
		2014/6	−0.6	−25.5	
	股利	2012年20.9元至2013年4.98元，呈下降趨勢			
技術面	均線排列	週線：20MA＞60MA＞10MA 日線：5MA＞10MA＞20MA			60週均線的反壓力道不小，股價於2014年7月7日跌破20日均線價282元，日線呈現空頭排列，之後日MACD在零軸下，但是紅柱出現且KD死亡交叉，建議等到股價整理完畢或站上20日均線且呈5MA＞10MA，再進場試單
	MACD	日零軸下，但日柱狀體減少			
	KD	死亡交叉			
	背離	尚無背離狀況			
籌碼面	外資	外資持股60.29%			主要法人為外資，只要外資尚未大量鬆手賣出，股價就低檔有支撐
	投信	投信持股0.6%			
	自營	自營商持股0.03%			

　　從股價的週線和日線的走勢技術面分析，F-TPK股價因為遇到中期60週線的反壓回檔修正。第二季週和日均線呈現多頭排列（5MA > 10MA > 20MA），因此下檔有支撐，但是第三季營收成長降低，且7月下旬股價跌破20週均線，投資人等進一步基本面具體改善後，再進場作多。此外，由於該檔標的外資持股頗高，要注意外資的買賣超動態，決定操作方向（圖5-1-5）。

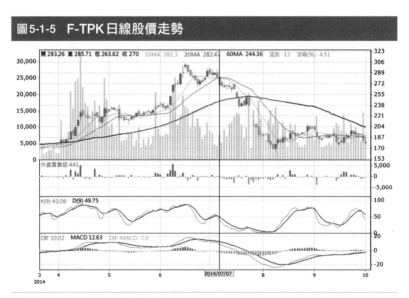

圖5-1-5　F-TPK日線股價走勢

資料來源：CMoney理財寶「權證好好玩」

宏達電：基本面不佳，等待技術面短線操作

宏達電主業為自有品牌手機的製造商，從2011年第一季毛利率29.25%、稅後利益率14.24%及ROE（股東權益報酬率）18.03%，下滑至2014年第一季毛利率為21.03%，稅後利益率−5.68%及ROE（股東權益報酬率）−2.44%，股價自最高點1,150元大跌近九成至153元。第二季毛利率22.23%，稅後利益率由負轉正為3.47%，ROE也翻正為2.92%，股價低檔有支撐。

宏達電的股價大跌，主要原因是基本面的變差（圖5-1-6），因為智慧型手機市場的飽和及他家產品的競爭，導致季營收自高

圖5-1-6　宏達電基本面資料

| 2498 宏達電 | 電子下游-手機製造 | | 資本額 | 84 億 | | Q2-EPS | 2.74 元 | | | 資料日期：2014/10/01 |

股權結構			
持股分級	人數	張數	比例(%)
10張以下	139,658	261,723	31.13
10-50	5,117	100,017	11.88
50-100	399	27,826	3.31
100-200	153	21,354	2.54
200-400	87	23,423	2.78
400-600	29	14,604	1.73
600-800	25	17,468	2.07
800-1000	13	11,190	1.33
1000張以上	74	362,748	43.16

	張數	比例(%)
內部人	104,110	12.39
外資	167,310	19.9
投信	9,122	1.09
自營	924	0.11

月營收

年月	股價	月合併營收(百萬)	MoM(%)	YoY(%)	累計合併營收(百萬)	累計YoY收YoY(%)	近三月合併營收(%)	營收創歷史新高	營收創N個月新高	營收連續N個月成長	YoY(%)連N個月大於零	累計YOY(%)連N個月大於零
201408	137.5	14,541	37.1	10.4	123,327	-13.4	-8		2	1	1	-32
201407	132.5	10,605	-51.6	-32.6	108,786	-15.8	-20		-5	-1	-3	-31
201406	138	21,917	4.1	-0.7	98,181	-13.5	-8		2	1	-2	-30
201405	160	21,065	-4.6	-27.4	76,264	-16.5	-8		-2	-1	-1	-29
201404	155	22,079	36.1	12.7	55,200	-11.5	-3		11	2	2	-28
201403	153	16,225	124.6	2.2	33,121	-22.6	-23		6	1	1	-27
201402	136	7,225	-25.3	-36.5	16,896	-37.2	-40		-56	-3	-28	-26
201401	136	9,671	-22.2	-37.8	9,671	-37.8	-36		-55	-2	-27	-25

資料來源：CMoney理財寶「權證好好玩」

點1,358億元減少至331億元。假設投資人覺得此時股價為相對
低檔，考慮是否買進長期持有，依舊可以根據表5-1-3內容（包
含基本面、技術面及籌碼面）詳細評估後再決定。

　　宏達電雖於2014年第二季轉虧為盈，營收達到650.6億元，
單季稅後純益22.6億元，且EPS 2.74元。但是第三季面臨了蘋果
新款手機上市，手機市占率的改變將影響第三季的財報。同時連
續兩年股利的大幅縮水，甚至2013年無配股利的情況，考慮長
期投資、收取固定收益的意願，將可能大打折扣。

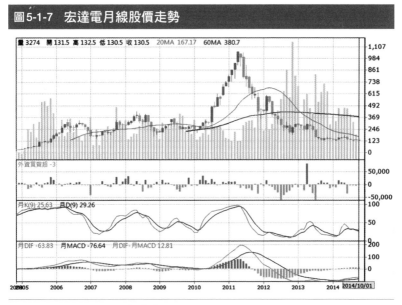

圖5-1-7　宏達電月線股價走勢

資料來源：CMoney理財寶「權證好好玩」

　　而技術面的分析，月線空頭排列呈現長期走空的趨勢未變（圖5-1-7），雖然出現低檔背離，日線也跌深反彈，但是股價5月底跌破20日均線及60日均線（圖5-1-8），而第三季無特別基本面利多加持，股價持續低檔整理。

　　籌碼面方面，外資為主要的持股法人，也於財報利多公告前賣出，暗喻著對2014年第三季的基本面營收可能有所質疑。綜合以上的整體分析，可以等待股價技術面整理完畢後，短線操作為宜。

圖5-1-8　宏達電日線股價走勢

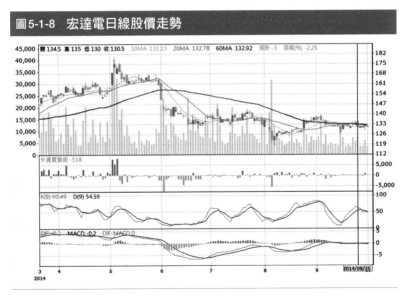

資料來源：CMoney理財寶「權證好好玩」

表5-1-3　2014年10月宏達電投資評估表

<table>
<tr><td></td><td>分析內容</td><td colspan="3">結果</td><td>評論</td></tr>
<tr><td rowspan="4">總經面</td><td>出口成長</td><td colspan="3">年成長率增加，但是PMI指數下降</td><td rowspan="4">國內經濟面尚可，資金面充足，注意外資是否將資金轉出及貨幣供給成長率的變化</td></tr>
<tr><td>利率</td><td colspan="3">寬鬆轉中立</td></tr>
<tr><td>匯率</td><td colspan="3">30.4元</td></tr>
<tr><td>貨幣供給</td><td colspan="3">仍為正成長，但是逐漸減少</td></tr>
<tr><td rowspan="4">基本面</td><td>題材</td><td colspan="3">4G手機需求</td><td rowspan="4">雖然2014年有4G手機的換機需求，但是宏達電的手機市占率仍舊持續下滑，營收成長並不穩定，而且由於虧損，2013年無現金股利的配發，是否能長期投資，須考量未來業績</td></tr>
<tr><td>股本</td><td colspan="3">84億元</td></tr>
<tr><td>營收成長／月</td><td>年月
2014/8
2014/7
2014/6</td><td>MoM (%)
37.1
-51.6
4.1</td><td>YoY (%)
-10.4
-32.6
-0.7</td></tr>
<tr><td>股利</td><td colspan="3">2011年40元
2012年2元
2013年無現金股利</td></tr>
<tr><td rowspan="4">技術面</td><td>均線排列</td><td colspan="3">週線：5MA＜10MA＜
　　　20MA＜60MA
日線：均線集結</td><td rowspan="4">月線、週線及日線皆呈空頭排列，意味著長期中期趨勢仍為空頭走勢，且MACD仍在零下，但是指標有低檔背離，因此技術面的評估仍有下檔支撐力道，破月線為多方的停利觀察點，須注意趨勢的轉折</td></tr>
<tr><td>MACD</td><td colspan="3">日零軸下，日柱狀體減少</td></tr>
<tr><td>KD</td><td colspan="3">K＜D</td></tr>
<tr><td>背離</td><td colspan="3">低檔背離</td></tr>
<tr><td rowspan="3">籌碼面</td><td>外資</td><td colspan="3">外資持股19.9%</td><td rowspan="3">股本為88億元，外資的持股為19.9%，為三大法人中主要的持股者，9月股價反彈至前高（圖5-1-8）下跌，是因為外資和自營商的調節賣出</td></tr>
<tr><td>投信</td><td colspan="3">投信持股1.09%</td></tr>
<tr><td>自營</td><td colspan="3">自營商持股0.11%</td></tr>
</table>

5-2

技術面選股的操作策略

　　技術面選股的重心在於股價技術面的表態，較適合短線操作週期的投資人。如果能掌握技術指標的短期轉折，多空操作，確實比基本面選股的投資人更可能獲得較高的短期收益。但是，整體觀察發現，長期持有者的投資報酬率不一定輸給短線操作的績效。因此，以何種邏輯選擇投資標的，還是取決於投資人的投資個性。

投資贏家進場點：突破均線、價量表態

　　不管是作多或作空的技術面選股，你可能有許多不同方式的技術分析選股方法，例如前文表5-1-1提供的條件，但是根據實務上的發現，最佳的選擇時機都是突破均線、價量表態的進場點。以作多為例，掌握初升段的均線集結股價帶量長紅起漲點，和主升段及末升段的續漲點，都是最甜美的致勝點。而作空的進

場點則是大量跌破均線的a波，及續跌段的c波，這些都是投資贏家最喜好的進場點。

　　普遍利用技術面操作的投資人，大都不太注意基本面的數字，其實這也是沒錯的。主要原因在於，當基本面的利多或利空被新聞媒體報導出來的時候，股價其實大都先反應了。差別只是在於這個利多或利空影響的時間是長期或短期，假設利多的題材是影響長週期，股價就會走出長期的多頭。

　　例如，生技類股股價的起漲是由於政策的利多，但是如果這家公司忽然有新藥的發明，或是認證生產後，就成為長期支撐的利多，股價自然表現不俗，回檔皆為買點。利空消息也是如此，例如先前塑化廠大火，短期的利空造成標的股價急挫，在利空反應完後，股價依舊回歸基本面的上漲。甚至更嚴重的日本311地震，也都屬於是短期的利空反應。但若是長期的利空，例如老闆掏空公司等重大罪刑，公司的股價就很難起死回生。

　　雖然技術面選股的投資人往往會忽略了基本面的資料，但還是可以從標的的篩選小細節著手，避免因為忽略了基本分析而吃虧。投資人可以三大法人買賣超前20名的標的，且技術面符合選股邏輯，做為優先的選擇。因為三大法人在決定選擇投資標的之前，都會針對該投資的公司進行深入研究和分析，絕對是在確定該標的有所投資價值時，才會買進。投資人搭上法人幫你選好的標的順風車，勝率就會大大提高。其次，法人資金多，買賣的張數肯定不像散戶這樣少，而且買賣的週期也不會是一、兩天的

短期交易，因此波段的行情較能掌握。

　　運用技術指標評估操作的投資人要注意，技術指標其實是買方和賣方的統計學運用，因此對於某些股本小或是籌碼被鎖定的飆股，運用技術分析決定進出場，可能容易失真。此外，當金融風暴期間，如果總經面或基本面沒有止跌的訊號出現，技術分析也同樣會當機。

　　運用技術面的分析決定進出場的操作，除了籌碼面的加持外，通常是伴隨著某些基本面的利多或利空題材提前發酵，可能標的本身的財報數字並非特別亮麗，但是技術的指標就是多空明確且走勢持續。

康舒：跌破上升趨勢線，外資賣出——停利出場

　　以康舒為範例解說，它具備有電動車的題材股，2013年第二季股價自24元大漲至43元，整理近三個月後，因為康舒在電源產業布局的完整，客戶群包括蘋果、惠普、思科及鴻海集團，且業務發展涵蓋4G、電動車、燃料電池及醫療領域，所以三大法人捧場續買，大買超過萬張，股價大漲至54.5元。

　　在技術面上，週線自2012年8月至2014年9月上旬前為多頭排列（圖5-2-1），MACD也在零軸上持續多頭趨勢，然而，外資於9月下旬賣超，造成週線長黑K跌破20週均線，多頭趨勢受阻，而日線於2014年6月26日股價突破均線（圖5-2-2），KD值

圖5-2-1　康舒週線股價走勢

資料來源：CMoney理財寶「權證好好玩」

黃金交叉及MACD柱狀體（OSC）續增，技術指標表態，股價整理後於9月中旬跌破60日均線，短線多空趨勢轉折。

　　仔細分析其上漲過程中的財務數字，營收的成長並沒有和股價走勢同調，而且至2014第二季的財報數字中（圖5-2-3），毛利率、稅後營益率及ROE（股東權益報酬率）皆未創新高，分別為15.71%、4.99%及3.65%。因此針對這檔標的的操作就可以忽略基本面的變化，單純以技術面為主，籌碼面為輔。當股價跌破上升趨勢線，同時三大法人持續賣超的時候，特別是外資賣出，就必須考慮停利出場（表5-2-1）。

圖5-2-2　康舒日線股價走勢

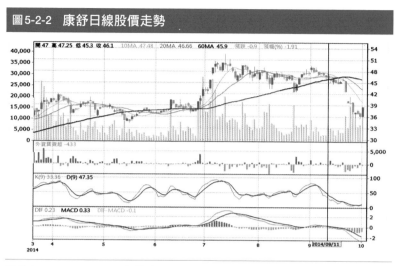

資料來源：CMoney理財寶「權證好好玩」

圖5-2-3　康舒基本面資料

資料來源：CMoney理財寶「權證好好玩」

表5-2-1　2014年10月康舒投資評估表

	分析內容	結果			評論
總經面	出口成長	年成長率增加，但是PMI指數下降			國內經濟面尚可，資金面充足，注意外資是否將資金轉出及貨幣供給成長率的變化
	利率	寬鬆轉中立			
	匯率	30.4元			
	貨幣供給	仍為正成長，但是逐漸減少			
基本面	題材	涵蓋4G、電動車、燃料電池及醫療領域			股價的上漲主要是題材面的發酵和法人的加持，營收的成長沒特別的亮麗數字，但是股利的發放算穩定
	股本	52億元			
	營收成長／月	年月	MoM (%)	YoY (%)	
		2014/8	−6.7	−5.4	
		2014/7	3.5	4.4	
		2014/6	−6.1	1.7	
	股利	2012年1.5元 2013年1.8元			
技術面	均線排列	週線：10MA＞20MA＞60MA 日線：10MA＜20MA＜60MA			中期週線已經跌破20週均線，短期日線股價於季線下，且外資於2014年9月持續賣超，多頭趨勢已經轉折
	MACD	零軸下綠柱狀體增加			
	KD	高檔鈍化			
	背離	尚無出現低檔背離			
籌碼面	外資	外資持股25.57%			外資為主要持股的法人，且籌碼已於2014年第三季開始鬆動，注意週線空頭走勢是否成型
	投信	投信持股2.45%			
	自營	自營商持股0.17%			

樂陞：等待技術面的拉回整理，再進場作多

　　技術面表態的個股，通常都有一些題材的支持，因此除了注意技術指標的趨勢轉折訊號外，也需注意新聞面的利多出現的反應。

　　遊戲發行商樂陞的股價上漲，除了暑假遊戲概念股的題材外，也因為旗下的美術館於2014年7月3日以120元登錄上興櫃。由於樂陞以每股120元釋出5,000張的持股，處分利益達5.48億元，對於股本僅7億元的公司，確實為利多的消息。而樂陞美術館股本也僅有2.03億元，即便至2014年5月止營收為8,941萬元，稅後仍淨損296萬元，每股虧損0.15元。但是上興櫃後因為籌碼穩定，由125元飆漲到211元，母公司持股的潛在持股價值確實可觀。

　　觀察樂陞的基本面財報（圖5-2-4），除了樂陞美術館營收灌注外，事實上，股價由2012第二季的50元大漲至2014第一季的120元左右，財報中的稅後利益率及ROE（股東權益率）雖曾高達66%和27.37%，但是在股價高達120元時候，稅後利益率及ROE（股東權益率）降至–95.24%和–3.96%，基本面的營收狀況並不穩定。但是技術面週線（圖5-2-5）呈多頭排列（10MA＞20MA＞60MA），週MACD零軸上且柱狀體（OSC）仍為正值，且指標無背離現象，日線股價高檔整理（圖5-2-6），中短期技術面持續走強時，投資人千萬別逆勢放空。

圖5-2-4 樂陞基本面資料

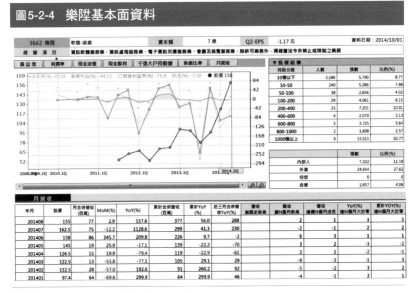

資料來源：CMoney理財寶「權證好好玩」

圖5-2-5 樂陞週線股價走勢

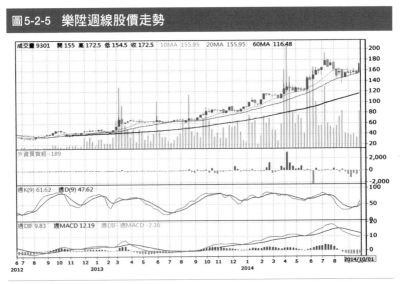

資料來源：CMoney理財寶「權證好好玩」

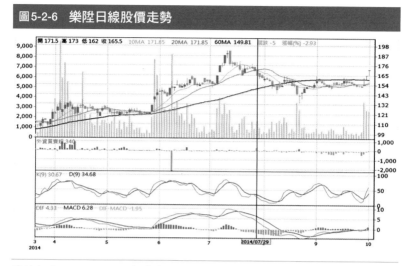

圖5-2-6　樂陞日線股價走勢

資料來源：CMoney理財寶「權證好好玩」

　　技術指標雖然呈多頭走勢，但是股價已經大漲一倍，指標雖尚無明顯背離的轉折訊號，注意KD值一旦高檔死亡交叉，股價回檔機率增加，投資人可以等待技術面的拉回整理後，再進場作多。不過如果外資開始連續賣超時，要特別小心趨勢可能反轉（表5-2-2）。

表5-2-2　2014年10月樂陞投資評估表

	分析內容	結果			評論
總經面	出口成長	年成長率增加，但是PMI指數下降			國內經濟面尚可，資金面充足，注意外資是否將資金轉出及貨幣供給成長率的變化
	利率	寬鬆轉中立			
	匯率	30.4元			
	貨幣供給	仍為正成長，但是逐漸減少			
基本面	題材	子公司樂陞美術館興櫃釋股及股價大漲利多，暑假遊戲股旺季			題材為短線及季節性的利多，基本面的財報數字並不穩定，因此未來要注意技術面轉空及法人賣出的動作
	股本	7億元			
	營收成長／月	年月	MoM (%)	YoY (%)	
		2014/8	2.9	157.6	
		2014/7	-12.2	1128.6	
		2014/6	345.7	209.8	
	股利	2012年0.73元 2013年無現金股利			
技術面	均線排列	週線：10MA＞20MA＞60MA 日線：高檔回檔，均線集結			週日線皆呈現多頭走勢，股價已經大漲一波，雖然指標尚未有背離趨勢反轉的現象發生，但是KD指標若出現死亡交叉，投資人追價要小心，最好等待回到均線支撐，KD呈現黃金交叉後再進場作多，破月線為多方的停利觀察點
	MACD	零軸上柱狀體增加			
	KD	週日出現黃金交叉			
	背離	尚無出現背離			
籌碼面	外資	外資持股37.62%			外資為主要持股的法人，除非連續賣超，股價高檔仍有撐
	投信	投信持股0%			
	自營	自營商持股4.06%			

南電：基本面不優，技術面操作注意業外處分利益

　　任何標的技術面表態的時候，無論是上漲或是下跌，都是代表背後應該有不能說的祕密。散戶當然沒有法人或主力有電話線，此時，技術分析的指標及均線就是保護自己的好工具，掌握多空趨勢轉折點，例如：注意上升下降趨勢線的突破轉折及指標背離的警示，散戶也能獲利滿滿。

　　以本業是印刷電路板的南電為例，近年來基本面的財報數字並不優（圖5-2-7），股價最高點131.5元時，2010年第二季

圖5-2-7　南電基本面資料

| 8046 南電 | 電子上游-PCB-製造 | | 資本額 | 65 億 | | Q2-EPS | 1.29 元 | | 資料日期：2014/10/01 |
| 經 營 項 目 | CC01080電子零組件製造業、CC01090電池製造業、ZZ99999除許可業務外，得經營法令非禁止或限制之業務 | | | | | | | | |

▼ 股權結構

持股分級	人數	張數	比例(%)
10張以下	22,072	39,120	6.04
10-50	1,305	25,287	3.89
50-100	141	10,353	1.6
100-200	83	11,466	1.77
200-400	52	15,077	2.33
400-600	15	7,393	1.14
600-800	11	7,811	1.2
800-1000	5	4,685	0.72
1000張以上	30	524,973	81.24

	張數	比例(%)
內部人	436,208	67.5
外資	78,728	12.18
投信	963	0.15
自營	1,043	0.16

月營收

年月	股價	月合併營收(百萬)	MoM(%)	YoY(%)	累計合併營收(百萬)	累計YoY(%)	近三月合併營收YoY(%)	營收創歷史新高	營收續N個月新高	營收連續N個月成長	YoY(%)連N個月大於零	累計YOY(%)連N個月大於零
201408	55.5	3,041	-3.9	-8.1	23,574	15.1	4		-2	-1	-1	13
201407	47	3,164	4.3	10.8	20,533	19.6	16		2	1	16	12
201406	53.5	3,034	-7.6	12.9	17,369	21.4	23		-3	-1	15	11
201405	48	3,285	2.5	23.6	14,335	23.3	26		9	3	14	10
201404	42.55	3,206	10.7	32.2	11,050	23.2	27		8	2	13	9
201403	36.45	2,896	25.1	21.2	7,844	19.9	20		4	1	12	8
201402	36.8	2,314	-12.2	29.4	4,949	19.2	20		-12	-4	11	7
201401	36.1	2,635	-0.8	11.4	2,635	11.4	18		-9		10	6

資料來源：CMoney理財寶「權證好好玩」

毛利率為15.18%，稅後利益率11.24%，ROE（股東權益率）為
3.01%；然而，之後股價一路下滑至2012年第四季低點35.9元，
相關財報數字也是慘不忍睹，毛利率、稅後利益率及ROE（股東
權益率）分別創新低為–18.28%、–17.7%及–3.89%。

　　股價於2013年第二季帶量突破中期下降趨勢線（圖5-2-8），
趨勢由空轉多，經過了2013年6月至2014年4月近一年的打底
後，股價再次突破集結10週、20週及60週均線，MACD站上零
軸上且柱狀體為正值，KD值黃金交叉，中期多頭趨勢啟動。日
線（圖5-2-9）從2014年4月下旬呈現多頭排列（10MA＞20MA
＞60MA），MACD零軸上，股價持續上漲至2014年7月1日的

圖5-2-8　南電週線股價走勢

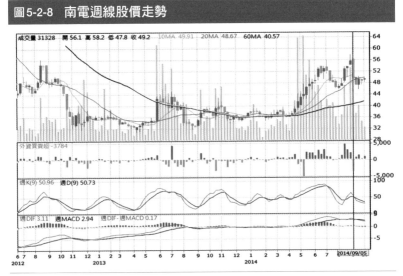

資料來源：CMoney理財寶「權證好好玩」

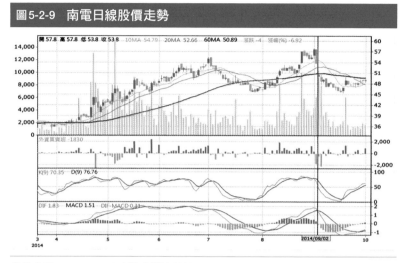

圖5-2-9　南電日線股價走勢

資料來源:CMoney理財寶「權證好好玩」

55.7元,隔天出現長黑K,KD高檔死亡交叉,之後股價跌破20
日均線及短期上升趨勢線。基本上,單純就技術面操作的投資
人,應該先停利落袋為安,等待整理後的進場點(表5-2-3)。

　　為何在基本面並無明顯營收利多的支持下,股價依舊能大漲
超過四成?更進一步去分析,發現南電擁有華亞科的股票,且於
2014年5月至6月陸續處分持股,處分利益超過7.17億元,目前仍
持有華亞科逾9,096萬股。如此潛藏的驚人獲利,讓經營普通的本
業,因為業外收益而提高稅後營業利益率、EPS及每股淨值。

　　然而,這些的業外處分利益處於一次性的收益,對企業的經
營並非是長遠的利益,因此,當技術面趨勢的改變,投資人手腳
也要靈活轉向。

表5-2-3 2014年10月南電投資評估表

	分析內容	結果			評論
總經面	出口成長	年成長率增加，但是PMI指數下降			國內經濟面尚可，資金面充足，注意外資是否將資金轉出及貨幣供給成長率的變化
	利率	寬鬆轉中立			
	匯率	30.4元			
	貨幣供給	仍為正成長，但是逐漸減少			
基本面	題材	華亞科持股及處分收益			本業的表現尚可，2014第二季主要獲利為業外的投資處分收益，由於連續二年未有配股息，長期投資者還是得觀察本業未來的成長性
	股本	65億元			
	營收成長／月	年月	MoM (%)	YoY (%)	
		2014/8	−3.9	−8.1	
		2014/7	4.3	10.8	
		2014/6	−7.6	12.9	
	股利	2012至2013年無現金股利			
技術面	均線排列	週線：10MA > 20MA > 60MA 日線：10MA < 20MA			中期（週線）趨勢轉折風險疑慮，但是短期（日線）股價已經跌破季線，等待整理週期完成後，股價站上均線且呈現多頭排列再進場試單
	MACD	週線：零軸上，但是有背離現象 日線：零軸下			
	KD	KD低檔			
	背離	週線：無背離現象 日線：股價前高有背離的現象			
籌碼面	外資	外資持股12.18%			內部人持股高達67.5%，籌碼較穩定，外資為主要持股的法人，除非連續賣超，股價回檔止跌後再試單
	投信	投信持股0.15%			
	自營	自營商持股0.16%			

5-3

籌碼面選股的操作策略

　　近年來，台股市場成交量並沒有先前的擴大，反而是日益萎縮，主管機關為了刺激交易量，開放現股當沖，然而依舊無法回到當年二、三千億的成交量榮景。因為成交量低，法人成為左右市場的要角，投資人選擇搭上法人或是主力鎖定籌碼的順風車，特別是股價起漲點，相對比較安全有保障。

　　法人包括外資、投信和自營商，選股邏輯和操作方式和週期有所差異。外資通常注重基本面的發展，投資週期較長，除非標的本業成長轉折，否則大都長期持有。

　　投信比較注意標的本身的題材性及籌碼的安定性，而且搭配每年3、6、9及12月的作帳時間，強調績效的絕對報酬率，因此所認養的標的漲勢大約有3至6個月的週期。投資人可以仔細觀察，掌握上車下車的時間點。

　　而自營商是拿公司的錢操作，短線獲利是主要目的，因此選股著重於技術面偏多，且操作週期較短。

　　至於主力，所鎖定的標的通常要籌碼乾淨，型態打底完成，
這樣的飆股才能發動。

　　選定籌碼主力股，要特別注意的是在技術指標的背離現象，
可能無法明確地運用在趨勢轉折的提示，因此除非主力開始出
貨，否則背離也容易鈍化。

台積電：外資動態左右股價，勿被一時的轉折訊號影響

　　台灣半導體之光台積電應該是外資法人經典的最愛持股，
外資持股高達76.11%（圖5-3-1），且1,000張持有人比例占了

圖5-3-1　台積電基本面資料

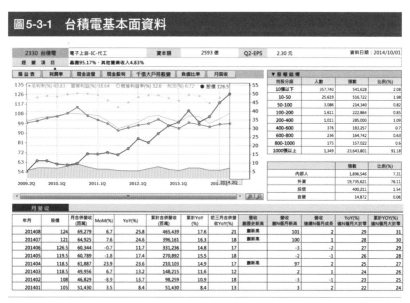

資料來源：CMoney理財寶「權證好好玩」

91.18%，籌碼相當安定。本身的基本面財報也是相當亮眼，多
年來仍維持高毛利率和高稅後利益率，至2014年第二季股價
站上百元，且毛利率高達49.83%，稅後利益率為32.6%及ROE
（股東報酬率）6.72%，每年穩定3元的配息，為法人及大戶樂於
持有的定存績優股。

　　從月線股價技術面分析（圖5-3-2），除了2008年金融風
暴，MACD跌至零軸下外，大部分時間都是均線排列長期多頭
走勢，且趨勢皆未有改變。

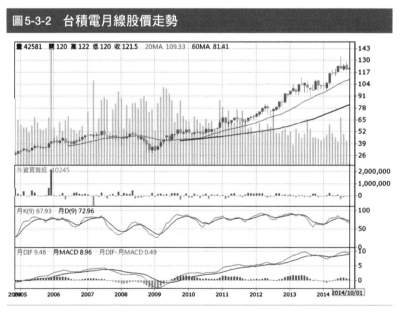

圖5-3-2　台積電月線股價走勢

資料來源：CMoney理財寶「權證好好玩」

　　而日線MACD也都在零軸上（圖5-3-3），即便在125元附近指標出現背離的現象，在法人的支持下仍是創前高，因此投資人千萬別看到技術面的轉折訊號就放空，籌碼的力量還是會讓線型轉彎（表5-3-1）。

圖5-3-3　台積電日線股價走勢

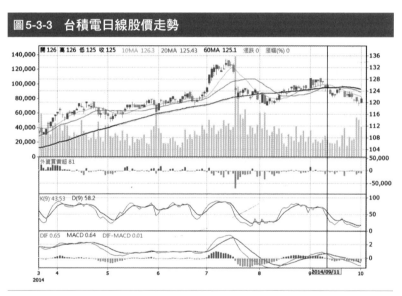

資料來源：CMoney理財寶「權證好好玩」

表5-3-1　2014年10月台積電投資評估表

	分析內容	結果	評論
總經面	出口成長	年成長率增加，但是PMI指數下降	國內經濟面尚可，資金面充足，注意外資是否將資金轉出及貨幣供給成長率的變化
	利率	寬鬆轉中立	
	匯率	30.4元	
	貨幣供給	仍為正成長，但是逐漸減少	
基本面	題材	本業營收續創新高	產業競爭力強，配股穩定，屬於績優定存股，短線注意財報營收的成長動力是否續減，還有，外資賣超動態將左右未來股價走勢
	股本	2,593億元	
	營收成長／月	年月　　　MoM (%)　　YoY (%) 2014/8　　6.7　　　　25.8 2014/7　　7.6　　　　24.6 2014/6　　−0.7　　　11.7	
	股利	2012年3元 2013年3元	
技術面	均線排列	月線：10MA＞20MA 日線：10MA＜20MA＜60MA	長期雖為多頭排列，但是日線股價指標有背離現象出現，且於2014年9月股價跌破季線，作多的投資人可以暫時觀望，等待站上月線，均線呈多頭排列後，再進場操作
	MACD	零軸下，但是柱狀體縮小	
	KD	低檔鈍化	
	背離	2014年7月中旬出現日線背離現象	
籌碼面	外資	外資持股76.11%	主要觀察外資法人的買賣狀況，若連續賣出，對股價的影響較大
	投信	投信持股1.54%	
	自營	自營商持股0.06%	

群聯：基本面佳，需留意法人動態

　　投信基金熱門持股之一的群聯（圖5-3-4），業務重心為消費用與產業用固態硬碟、隨身碟、網路儲存裝置，股本僅有19億元，2014第二季毛利率和稅後淨利率為18.07%及9.73%，ROE（股東權益率）為5.36%，由於股本小，2014第二季EPS達4.35元，為高股價類股。2014年3月底公告配股現金股息達10元，創下新高，當時投信仍賣出，股價於月線上整理（圖5-3-5）。

圖5-3-4　群聯基本面資料

資料來源：CMoney理財寶「權證好好玩」

圖5-3-5　群聯週線股價走勢

資料來源：CMoney理財寶「權證好好玩」

　　但是在2014年4月11日公告將發行私募增資案，引進策略
合作夥伴後，投信開始轉賣為買，三大法人皆進場，股價突破均
線，從190元大漲至2014年7月11日達237.5元。自營商於2014
年7月10日連續2天賣超2,042張，投信於2014年8月轉買為賣，
股價跌破季線（圖5-3-6），注意法人結帳停利出場（表5-3-2）。

圖5-3-6　群聯日線股價走勢

資料來源：CMoney理財寶「權證好好玩」

表5-3-2　2014年10月群聯投資評估表

<table>
<tr><td></td><td>分析內容</td><td colspan="3">結果</td><td>評論</td></tr>
<tr><td rowspan="4">總經面</td><td>出口成長</td><td colspan="3">年成長率增加，但是PMI指數下降</td><td rowspan="4">國內經濟面尚可，資金面充足，注意外資是否將資金轉出及貨幣供給成長率的變化</td></tr>
<tr><td>利率</td><td colspan="3">寬鬆轉中立</td></tr>
<tr><td>匯率</td><td colspan="3">30.4元</td></tr>
<tr><td>貨幣供給</td><td colspan="3">仍為正成長，但是逐漸減少</td></tr>
<tr><td rowspan="6">基本面</td><td>題材</td><td colspan="3">增資策略聯盟合作</td><td rowspan="6">雖然股本小，籌碼及配股息穩定且業務面發展具新契機，後續仍需觀察營收成長的動能</td></tr>
<tr><td>股本</td><td colspan="3">19億元</td></tr>
<tr><td rowspan="4">營收成長／月</td><td>年月</td><td>MoM (%)</td><td>YoY (%)</td></tr>
<tr><td>2014/8</td><td>−8.5</td><td>4.1</td></tr>
<tr><td>2014/7</td><td>12.0</td><td>0.6</td></tr>
<tr><td>2014/6</td><td>−1.8</td><td>3.9</td></tr>
<tr><td>股利</td><td colspan="3">2012年8元
2013年10.22元</td></tr>
<tr><td rowspan="4">技術面</td><td>均線排列</td><td colspan="3">週線：10MA＜20MA
日線：10MA＜20MA＜60MA</td><td rowspan="4">中期長黑K回檔修正確定，日K已經跌破季線，投信持續賣超，多方不宜躁進</td></tr>
<tr><td>MACD</td><td colspan="3">零軸以下</td></tr>
<tr><td>KD</td><td colspan="3">低檔區間</td></tr>
<tr><td>背離</td><td colspan="3">2014年7月創新高股價，與指標有背離現象</td></tr>
<tr><td rowspan="3">籌碼面</td><td>外資</td><td colspan="3">外資持股47.28%</td><td rowspan="3">2014年4月後三大法人同步買超，但是自營商於2014年7月10日及7月11日，有超過千張的賣出調節，且第三季投信的結帳行情啟動，造成股價易跌難漲</td></tr>
<tr><td>投信</td><td colspan="3">投信持股2.42%</td></tr>
<tr><td>自營</td><td colspan="3">自營商持股2.13%</td></tr>
</table>

千附：籌碼安定，留意法人逢高調節

千附先前的主要業務為高科技製成管路系統，近年跨足機械、精密科技、海水淡化及航太等精密科技事業，雖然業務具有多元化的題材及成長的潛力，2014年第二季基本面財報數字表現不錯（圖5-3-7），毛利率24.11%、稅後營益率9.22%及ROE（股東權益率）2.49%，不過股本小、只有12億元，才是籌碼主力鍾愛的主因。

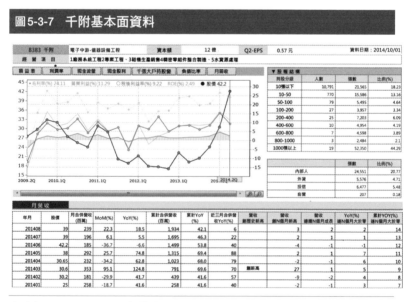

圖5-3-7　千附基本面資料

資料來源：CMoney理財寶「權證好好玩」

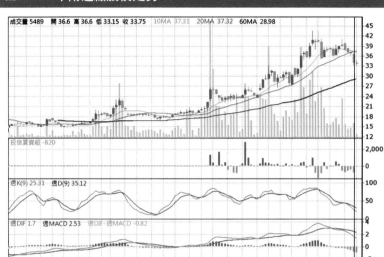

圖5-3-8　千附週線股價走勢

資料來源：CMoney理財寶「權證好好玩」

　　這是很典型主力及投信參與操作的籌碼安定小型股，自
2013年11月股價由20元大漲一倍至42元，這段時間週線（圖
5-3-8）和日線（圖5-3-9）都呈多頭走勢，但是在2014年6月
底，投信開始逢高調節，主力也配合賣超，股價已經跌破日線上
升趨勢線，KD值死亡交叉，2014年9月底股價長黑K跌破20週
均線，MACD若至零軸下，趨勢轉空就可確定。這樣的籌碼操
作週期大約是半年，投資人看到標的高檔主力投信聯手賣出，就
要謹慎小心，別逆勢操作（表5-3-3）。

圖5-3-9　千附日線股價走勢

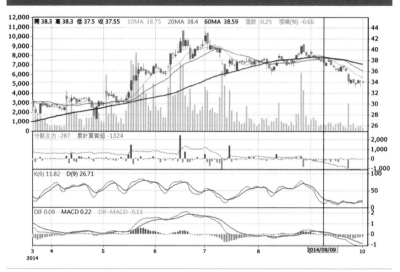

資料來源：CMoney理財寶「權證好好玩」

表5-3-3　2014年10月千附投資評估表

	分析內容	結果			評論
總經面	出口成長	年成長率增加，但是PMI指數下降。			國內經濟面尚可，資金面充足，注意外資是否將資金轉出及貨幣供給成長率的變化
	利率	寬鬆轉中立			
	匯率	30.4元			
	貨幣供給	仍為正成長，但是逐漸減少			
基本面	題材	跨足機械、精密科技、海水淡化及航太等精密科技事業，具有多元化的題材及成長的潛力			產業多元化經營，且2014年第二季財報數字表現不錯，股利配發穩定，股本僅有12億元，是主力投信喜歡的小型股
	股本	12億元			
	營收成長／月	年月	MoM (%)	YoY (%)	
	2014/08	2014/08	22.3	18.5	
		2014/07	6.1	5.5	
		2014/06	-36.7	-6.6	
	股利	2012年1元 2013年1.2元			
技術面	均線排列	週線：10MA和20MA死亡交叉 日線：20MA＜10MA＜60MA			2012年至2013年的打底完成，籌碼乾淨。週線呈多頭走勢，但是2014年9月底10週均線和20週線呈現死亡交叉，且短線日線股價跌破季線，注意中期趨勢的轉折風險，短線操作至少等待股價站上月線後，再行試單
	MACD	零軸下			
	KD	低檔鈍化			
	背離	尚未低檔背離			
籌碼面	外資	外資持股4.17%			投信及主力在相對高點連續賣超，技術面中期多頭已經破壞
	投信	投信持股5.48%			
	自營	自營商持股0.18 %			

只要10分鐘，全方位評估投資標的

　　投資人別小看這表格簡單的分析內容，其實已經完全地掌握住經濟趨勢方向，標的基本面的變化及技術面的指標警示，搭配籌碼面的進出情況，就可以制定投資策略。

　　例如：2009年轉折點時，總經面貨幣供給成長率上升，匯率由貶轉升，出口數字亦同步成長，如此正向經濟面的支持，投資人就可以參考技術面中期週線轉多頭排列的時候，決定較長期的操作，賺取大幅波段的利潤。

　　然而，近期的總經指標連續一季出現疑慮，且外資籌碼面開始鬆動，短期技術面也呈現空頭走勢，投資人就必須思考短打策略或是採取避險工具，例如外資雖在高檔買入現貨，卻在期貨及選擇權布空。無論採取哪一種操作策略，都必須將景氣趨勢及投資標的仔細分析，才能於資本市場中得心應手。

投資網站介紹

- 台灣證券交易所 http://www.twse.com.tw/ch/index.php
  常用交易資訊
  加權股價指數歷史資料
  三大法人買賣金額統計表
  融資融券餘額
  平盤下得融（借）券賣出之證券名單
  投信買賣超彙總表
  外資及陸資買賣超彙總表
  當日可借券賣出股數
  當日融券賣出與借券賣出成交量值
  統計資料
  證券市場統計概要與上市公司市值、投資報酬率、本益比、殖利率一覽表
  上市股票本益比及殖利率
  證券交易統計表
- 證券櫃買中心 http://www.gretai.org.tw/web/
- 公開資訊觀測站 http://mops.twse.com.tw/mops/web/index
- 國家發展委員會 http://www.ndc.gov.tw/
  可查詢「景氣指標」與「重大政策發展」
- 中央銀行 http://www.cbc.gov.tw/mp1.html
- 行政院主計總處 http://www.dgbas.gov.tw/mp.asp?mp=1
- 鉅亨網 http://www.cnyes.com/

全球經濟指標 http://www.cnyes.com/economy/indicator/Page/schedule.aspx

全球外匯行情 http://www.cnyes.com/forex/forex_list.aspx

黃金行情 http://www.cnyes.com/gold/

原物料行情 http://www.cnyes.com/futures/material.aspx

全球基金行情 http://fund.cnyes.com/

- 聯合新聞網／股市投資 http://udn.com/NEWS/STOCK/STO6/
- 中時電子報 http://news.chinatimes.com/
- 股狗網 https://www.stockdog.com.tw/
- Nloge 股市分析 http://stock.nlog.cc/（股票分析平台 http://stock.nlog.cc/S）
- 選股大師 http://phs.nsc.com.tw/z/zk/zkMap.htm
- MoneyDJ 技術分析學院 http://www.moneydj.com/z/analyst/analyst1.htm
- 撿股讚（股東會紀念品達人做的網站）http://stock.wespai.com/
- 元大寶來證券 http://www.yuanta.com.tw/
- CMoney 理財寶 http://www.cmoney.tw/app/

抓到多空轉折的時間，
順勢而為賺取大波段報酬

現在社會貧富不均，且經濟負擔日漸加重，單純只靠薪水是無法累積財富，每個人都希望早日財富自由，但是除了簽樂透或是投胎到富有人家外，很少人能一夕致富，而投資市場確實提供了一個很好的機會。

這幾年，市場上出現了許多素人投資家，有些是類自傳型的著作，有些可能單純從基本面、技術面或籌碼面擇一分享，較缺少全面性理論實務上的分析內容。而投資新手往往也只羨慕這些達人的財富累積，很少去體會他們成功前的血淚史及反敗為勝付出的努力。根據我的觀察，這些素人投資達人平均的失敗時間約5年，經歷過2至3次的投資破產，最後反敗為勝的主要重點都是抓到多空轉折的時間，順勢而為賺取大波段的報酬。而如何去掌握這些轉折點呢？其實一點也不神奇，就是要靠專業的分析。

本書的內容除了專業理論的解說，也是我自己在這超過10年的投資路上學習到的經驗分享及工作實務上的經驗；確實掌握到了幾次的景氣轉折點後，搭配不同的投資工具去賺取更多獲利。我相信，投資過程中難免有失敗經驗，千萬別氣餒，努力專業上的研究及檢討，相信平凡的小資男女也可以和我一樣，早日達到財富自由的境界。

國家圖書館出版品預行編目（CIP）資料

只要10分鐘，投資逆轉勝：輕鬆學會這4招，
從此抓對時機、做對個股／王奕辰（王衡）◎著.
-- 初版. -- 臺北市：商周出版, 2014.11
　　面；　公分. -- （新商業周刊叢書；BW0552）
ISBN 978-986-272-686-0（平裝）

1. 股票投資　2. 投資技術　3. 投資分析
563.53　　　　　　　　　　　　　103020869

新商業周刊叢書 BW0552

只要10分鐘，投資逆轉勝：
輕鬆學會這4招，從此抓對時機、做對個股

作　　　者／王奕辰（王衡）
企 劃 選 書／簡翊茹
責 任 編 輯／簡翊茹
版　　　權／黃淑敏、翁靜如
行 銷 業 務／莊英傑、周佑潔、張倚禎

總　編　輯／陳美靜
總　經　理／彭之琬
事業群總經理／黃淑貞
發　行　人／何飛鵬
法 律 顧 問／台英國際商務法律事務所　羅明通律師
出　　　版／商周出版
　　　　　　臺北市南港區昆陽街16號4樓
　　　　　　電話：(02) 2500-7008　傳真：(02) 2500-7759
　　　　　　E-mail: bwp.service @ cite.com.tw
發　　　行／英屬蓋曼群島商家庭傳媒股份有限公司　城邦分公司
　　　　　　臺北市南港區昆陽街16號8樓
　　　　　　讀者服務專線：0800-020-299　24小時傳真服務：(02) 2517-0999
　　　　　　讀者服務信箱E-mail: cs@cite.com.tw
　　　　　　劃撥帳號：19833503　戶名：英屬蓋曼群島商家庭傳媒股份有限公司城邦分公司
訂 購 服 務／書虫股份有限公司客服專線：(02) 2500-7718；2500-7719
　　　　　　服務時間：週一至週五上午09:30-12:00；下午13:30-17:00
　　　　　　24小時傳真專線：(02) 2500-1990；2500-1991
　　　　　　劃撥帳號：19863813　戶名：書虫股份有限公司
　　　　　　E-mail: service@readingclub.com.tw
香 港 發 行 所／城邦（香港）出版集團有限公司
　　　　　　香港九龍土瓜灣土瓜灣道86號順聯工業大廈6樓A室
　　　　　　E-mail: hkcite@biznetvigator.com
　　　　　　電話：(852) 25086231　傳真：(852) 25789337
馬 新 發 行 所／城邦（馬新）出版集團
　　　　　　Cite (M) Sdn. Bhd.
　　　　　　41, Jalan Radin Anum, Bandar Baru Sri Petaling, 57000 Kuala Lumpur, Malaysia.
　　　　　　電話：(603) 90563833　傳真：(603) 90576622　E-mail: services@cite.my

內 頁 排 版／李秀菊
印　　　刷／鴻霖印刷傳媒股份有限公司
總　經　銷／聯合發行股份有限公司　新北市新店區寶橋路235巷6弄6號2樓
　　　　　　電話：(02) 2917-8022　傳真：(02) 2911-0053

■ 2014年11月20日初版1刷　　　　　　　　　　　Printed in Taiwan
■ 2024年04月26日初版8.9刷

城邦讀書花園
www.cite.com.tw